어떤 계절은 구석에서 시작된다

**어떤 계절은 구석에서 시작된다**

**시산맥 시혼 043**

초판 1쇄 인쇄 | 2024년 06월 01일
초판 1쇄 발행 | 2024년 06월 05일

**지은이**  이순주
**펴낸이**  문정영
**펴낸곳**  시산맥사
**편집주간**  김필영
**편집위원**  신정민 최연수
**등록번호**  제300-2013-12호
**등록일자**  2009년 4월 15일
**주소**  03131 서울특별시 종로구 율곡로 6길 36. 월드오피스텔 1102호
**전화**  02-764-8722, 010-8894-8722
**전자우편**  poemmtss@naver.com
**시산맥카페**  http://cafe.daum.net/poemmtss

ISBN 979-11-6243-478-9  03810 (종이책)
ISBN 979-11-6243-479-6  05810 (전자책)

값 12,000원

* 이 책은 전부 또는 일부 내용을 재사용하려면 반드시 저작권자와 시산맥사의 동의를 받아야 합니다.
* 이 책은 교보문고와 연계하여 전자북으로 발간되었습니다.
* 본문 페이지에서 한 연이 첫 번째 행에서 시작될 때에는 〈 표기를 합니다.
* 저자의 의도에 따라 작품의 보조 동사와 합성 명사는 띄어쓰기가 달라질 수 있습니다.

어떤 계절은 구석에서 시작된다

이순주 시집

| 시인의 말 |

무수한 글자들과의 결별로 나를 만났으니

이제 나를 떠날 말들이 먼 곳의 길을 묻는다.

나의 말들에 신발을 신기면 영원을 걸어갈 수 있을까?

나를 건너고 생각을 건너온 시간들,

생각해보니 나를 찾는데 나를 너무 사용하였다.

하루하루 노을을 물들이고 별들로 장식했으니

나를 건넨다.

2024년 4월
이순주

■ 차례

# 1부

| | |
|---|---|
| 검은 고양이 | 18 |
| 하현 | 20 |
| 한 권의 책 | 22 |
| 달빛은 듣는 것이다 | 24 |
| 둥지 | 26 |
| 뻐꾸기 울 때면 | 28 |
| 괄호를 살지 혹은 풀지 | 30 |
| 나는 가끔 풍경이 되었다 | 32 |
| 어떤 계절은 구석에서 시작된다 | 34 |
| 단풍 숲에서 | 36 |
| 북소리 | 38 |
| 밀서 | 40 |
| 연못의 내용 | 42 |
| 분홍 꽃무늬 손수건 | 44 |

# 2부

| | |
|---|---|
| 창문의 역사 | 48 |
| 반달곰과 시소 타기 | 50 |
| 느린 계절은 창밖으로 지나간다 | 52 |
| 그 책의 온도 | 54 |
| 꽃의 사서함 | 56 |
| 벚꽃열차 | 58 |
| 히아신스 | 60 |
| 숲 아궁이 | 62 |
| 혀들의 시간 | 64 |
| 묵언 통신 | 66 |
| 상현 | 68 |
| 한낮의 숲에 가보면 압니다 | 70 |
| 꽃들의 배후 | 72 |
| 꽃들은 뿌리의 말이다 | 74 |

## 3부

잎들의 아침은 화병 속에서 걸어 나온다 78
구름을 빌려 80
커피는 흰 날개가 있어 자꾸만 날아가려 한다 83
고양이 독법 86
저녁이 아름다운 건 88
채송화 90
산수유꽃 92
사과가 왔다 94
단풍나무 고양이 96
강물의 지도 98
은행나무 새 100
골목길은 소화 중이다 102
달빛이 주머니 속을 들여다보는 밤 104

# 4부

채송화밭     108
이맘때가 되면     110
보름달 속 그림자     112
저녁은 적막이라는 이름의 파일 형식이다     114
갯벌 수선집     116
철새도래지     118
달의 저녁     120
활     122
갈매기가 들려주는 바다 시에 귀 기울여본 적 있다     124
바다의 시집 읽기     126
우리는 같은 길을 걸어가면서도 각자
         다른 세계의 길을 걸어간다     128
사과     130

■ 해설 | 서안나(시인, 문학평론가)     131

1부

## 검은 고양이

냉장고 속 달콤한 케이크를 듣는 거야
냉장고와 한 몸이 되는 건 순간이지
냉장고 소음은 내가 살아 있다는 증거,
중저음 일정한 박동은 잠에 자꾸만 빠져들게 해
그때 나비 꿈을 꾼다는 걸 그는 알까
나는 오래된 냉장고의 깜장 모자
무시로 냉장고에 불시착하는 나는
하루 종일 빙하기를 탐색하는 거지
필라멘트 깜빡이는 불빛에도 희망을 노래하지
냉장고와 고양이 화음으로 저녁이 온다지
내 울음은 어두움을 달래려 무시로 피어나는 꽃
방 안을 어슬렁거리던 내가
냉장고에 기대어 잠이 들곤 하지
배고픈 그림자도 함께 앉아 조는 거지
냉장고 소리에 날마다 내가 사육된다는 걸 그는 알까
오늘도 딸깍,
인기척이 문을 나간 그다음엔 나는 이 집의 주인
아무도 모르게 적요에 젖어 드는 시간이야
던져진 부메랑인 듯

그가 집으로 돌아올 때까지
초승이 된 달이 문을 열고 들어설 때까지

## 하현

달빛을 땅 위에 죄 엎질러 놓은 저것을 만두라 부른다

달을 보면 나는 당신이 보고 싶다
한 여자의 수고를 돌아 나와야 먹을 수가 있는

만두를 빚는 달
먼저 소를 다질 때 칼의 춤을 보라 도마소리에 부엉이울음, 냇물 소리도 잠시 멈추었다지 물기 꽉 짠 소를 갖은양념에 버무려 놓는다

서둘러 만두피를 만든다 찰진 반죽을 조금씩 떼어내면서 고단한 하루를 동그랗게 말아낸 그것들은 간절한 기도의 방식

그 소원들에 밀가루를 듬뿍 묻혀 어둠을 밀어내면서 밀대로 원을 만들면서 밀자
만월이다
〈

둥근 달에 속을 가득 채워 넣고 오므려 달의 앞섶을 꼭꼭 여며주면 배가 부른 반달, 그믐이 얼마 남지 않았다

 그때 굴뚝 연기는 온 동네에 무성하게 맛있는 소문을 퍼뜨리고
 빙 둘러앉아 우리가 먹은 건 붉은 생애

 당신을 읽을 수 있는 문장이다

 우리가 먹으므로 달은 또 이울고 차오르는 것

 당신이 살고 있는 하늘가에 환하게 달이 떴다

## 한 권의 책

그 서가에 가기 위해서는
하늘로 향하는 계단을 올라가야 합니다
목록 위엔 별이 새겨지기도 하지만
누가 찾아올 것인가
또 하루를 보냈다고
이 저녁을 침묵하고 있는 집들
나는 누구에게든 쉽게 읽히고 싶진 않았죠
그러므로 좀 더 속이 깊은 내용으로 말하고 싶습니다
안구건조증에 걸린 그대들이여
이 서가에서 나는 귀퉁이가 닳은 한 권 책이에요
해가 뜨고 지면 열리고 닫힙니다
하루가 따스하다고 느껴질 때 내가 만져져요
해와 달을 책장처럼 넘기며 나는 이곳에 머물렀고요
어둠에 항거하는 서사를 둘러앉히고
지금은 나를 펼쳐보는 시간이에요
저녁의 페이지를 넘기면
어두워질수록 어깨를 서로 부둥켜안는 산동네 집들
달은 나를 찾느라 빛을 발하고 있습니다
달빛에 걸린 재개발 현수막

그 천 개의 입술이 자아내는 복화술이 들리는 밤마다
집들은 가슴에 하나씩 별을 나누어 달았어요
잠에서 막 깨어난 달빛을 다 끌어온 이 서가,
집들이 불빛들로 조용히
서로 인사를 나누는 건 오랜 관습입니다
고양이 울음이 달빛을 어슬렁 걸어 다니느라
불빛이 잠시 휘기도 하지만
나는 밤늦도록 불빛 반짝이며
이곳의 안부를 멀리까지 타전합니다
내일은 또 내일을 기다립니다

## 달빛은 듣는 것이다

　이 악보의 곡은 창문이 열리면서 시작된다 펼쳐진 화선지 위에 한 자루 붓이 어둠을 토해낼 때
　힘 있게 그려지는 포도 줄기들, 달빛과 먹이 섞이면 비백이 생긴다

　조용히 월광이 흐른다 가끔씩 바늘이 튄다 둥근 달에 엘피판을 걸고 싶은 날이 있다
　날개를 터는 놈, 털 고르는 놈, 지저귀는 놈

　한낮의 새들 모습을 음표로 앉히고 싶은 날이다 전깃줄 위에 썼다가 지우고 또 썼다가 지우는 새들의 날갯짓을 따라 페이지들 산으로 넘어가고

　손목을 따라 그려지는 붓끝의 춤사위가 한껏 리듬을 타는,
　허락된 시간의 풍경은 노래다 달빛은 듣는 것이다

　붓끝에서 노는 포도넝쿨 넌출넌출, 선율을 따라 춤을 춘다 창문 쪽으로 뻗어간 넝쿨이 달빛을 잡아당긴

다 달은 밝기를 조금 높인다

  마당가 배롱나무가 하늘을 향하여 붉게 분수를 터트린다 채송화, 봉숭아, 맨드라미도 지지 않고 분수를 터트린다 던져지는 물의 높이가 모두 제 키를 넘지 못하지만 잎이란 잎은 달빛을 듣는 중이다
  슬그머니 벽을 타고 기어 올라온 담쟁이덩굴들, 창문 쪽으로 바싹 붙여진 넝쿨이 숨을 죽인다

  농담이 잘 어우러진 포도나무, 클로즈업된 한 쪽 어깨가 화선지 위에서 으쓱거린다 달빛을 듣느라 펼쳐진 잎, 널따란 잎들

  창문은 악보처럼 열려 있다

## 둥지

　이 계절 가장 훔치고 싶은 건 빵이었죠

　그때 나는 빵집 처마 아래 깃들어 버스를 기다리고 있었고, 눈물처럼 빵집 유리문 밖으로 넘쳐흐르는 피아노 선율들 내 귓속을 파고 들었어요

　따스한 불빛 아래 가득 진열된 빵들을 바라보며 아주 작고 선명한 피아노 소리에 귀를 적실 때
　내게서 새 한 마리 푸드덕대며 공중으로 날아갔죠

　내 안에 새가 살고 있어 사느라 그리도 푸드덕거렸구나!

　갓 구워진 빵 냄새와 피아노 소리에 설움이 날아간 새
　따듯해진 마음이 빵집 풍경, 피아노 소리와 정답게 손을 잡았죠

　그때 빵집 안과 내 안의 온도 차이가 다를 바 없게 되었어요

〈
　비애가 새가 되어 날아갈 수 있을까요
　새 날아간 자리 빈 둥지만 남아 또다시 새가 깃드는 게 삶일 거예요

　지나가는 사람들이 옷깃을 여미고 바람 부는 방향으로 걸음을 재촉해도, 기다리던 버스가 정류장에 멈춰 섰다 지나가도
　아랑곳없이 못 박혀

　간간 노랗게 물든 은행잎을 새 떼처럼 지상으로 날려 보내는 가게 앞 은행나무처럼

　한동안 그렇게 서 있었죠

## 뻐꾸기 울 때면

　뻐꾸기 그리 슬피 우는 것은 내 안의 슬픔을 다 알아 버렸기 때문이다

　내 안에 우거진 숲이 있다 누가 매일 걸어 들어갔나 숲 사이로 둥글게 길이 나 있다 그 숲에 뻐꾸기 한 마리 살고 있다

　기뻐서 울고, 너무 슬퍼 울 때 내 안의 뻐꾸기를 날려 보낸다

　울음이 격하여서 뻐꾸기가 운다 뻐꾹 소리는 뻐꾸기 세상 밖으로 날아가려다 좁디좁은 목구멍에 부딪히며 나는 소리다 울음이 나를 공명한다

　당신 가시던 날 슬피 울던 뻐꾸기, 행로가 궁금하다

　뻐꾸기 울음을 들으며 빙 둘러선 가족과 친척들 그때 너무 슬퍼　울음이 안 나오거든 나처럼만 울라는 듯 뻐꾸기 울었다 뻐꾹뻐꾹 울었다 뻐꾸기 울음엔 냇

물 소리와 숲의 바람 소리가 들어 있다

 뻐꾸기 울음은 원통 모양이라 그대로 족보를 말아 보관하기에 안성맞춤하다 뻐꾸기 울 때면 울음에 돌돌 말아 넣어두었던 집안의 내력이 펼쳐진다

 꽃 진 계절인데 뻐꾸기가 운다

 날 부르는 소리다 당신이 찾아온 것이다

## 괄호를 살지 혹은 풀지


불을 끄고 잠을 잔다는 건 꿈을 꾸기 위한 걸까
어떤 꿈을 위하여 날마다 밤을 맞는가
나는

밤의 영혼 같은 달과 별 닮은 환한 꿈 나오라고 오늘을 닫으며 밤을 맞지
달이 초승에서 그믐이 되도록 한 달을 살지

괄호를 살지 혹은 풀지

어둠에 익숙한 당신과 내가 주고받은 마음도 괄호를 풀며 이루어지는, 세상 모든 일은 괄호 안의 일

괄호 안의 생활을 미적분하고 나 혹은 당신 그리고 노동의 함수관계, 우리는 최댓값을 찾아 늘 헤매지

또 한 달을 어떻게 살지?

그리하여 출근길에 뛰는 사람은 꼭 뛰지 계절이 뛰

어가고 있지
  은행 나뭇잎은 또다시 노랗게 물들어가고
  계절이 계절을 지키듯 버스 정류장에 모이는 사람들 버스 타는 시간대를 지키지
  그 시간이면 어김없이 만나는 얼굴들,
  만차의 시간이 달려가지

  초승 닫고 그믐 열고

  또 한 달을 살지 시간이 시간을 태우고 달려가지

  달이 이우는 까닭을 구두 뒷굽이 초승이나 반달이 되도록 뛰어다니는 신발은 알지

  초승과 그믐 사이 절망이 세 들어 살지만 새벽을 깨우려 날마다 잠을 자지

  나는 꿈을 꾸지

## 나는 가끔 풍경이 되었다


 거기 피곤을 잠시 잊게 해주는 액자가 하나 걸려 있다
 액자의 그림은

 따듯한 색감이 아주 뛰어나 빈센트 반 고흐도 반하여 그 작자의 위대한 작품을 흠모했다 한다
 해바라기는 그 영향의 대표적인 작품

 이따금 그 시간이면 계단을 오르다 말고 멈춰 서곤 한다 그러고는 꽤 오랫동안 우두커니가 된다

 물끄러미 바라본다는 건 내 안의 조밀한 것들이 내밀하게 밖과 내통한다는 뜻이 된다
 하늘 아궁이에 불이 지펴지는 그 시간엔
 바라보는 누구든 마음 구들 따듯해져 온종일 콩닥거리던 심장박동도 느슨해지고 허기마저 잠재운다

 가끔 풍경을 보다 풍경이 되는 줄을 모른 채
 가슴 가장 깊은 곳까지 불을 쬐고 나서야 발걸음을 돌리곤 한다

〈

  액자 속에는 붉게 물든 도시가 들어서고 백양나무가 한 귀퉁이에서 조금씩 흔들리는 것 같고, 석양은 도시를 넘어가느라 마지막 혼신의 힘을 다하고 있다

  그리운 것들은 모두 서쪽을 향해 서 있다

  감나무에 매달린 주홍 감처럼 해를 품고 싶은 날이 있다

  풍경은 또 하나의 풍경을 그리워하고,
  가만히 나를 뒤적거려

  불쏘시개 하나 없어도 내 안의 불씨가 살아난다

## 어떤 계절은 구석에서 시작된다

나는 언제 완성될지 모르는
먼지
나의 계절은 구석에서 시작된다

구석은 나의 비빌 언덕,
소라게처럼 떠돌다 만난 불멸의 집 한 채

여기까지 걸어온 모든 궁리가 구석에서 나온 것이었으니,

나는 구석에 앉기 위해 하루를 서둘러 집에 당도하곤 한다
나를 앓는

구석에도 감정이 있네
때로는 음악이 흐르고

그 저녁은 내가 시암 고양이 암컷처럼 구석에 웅크리고 앉아 쌓인 모래를 털어놓는 시간

나의 입 틀어막으며 제 말만을 늘어놓는 연필 한 자루의,
비밀한 숲의 속삭임을 듣는

빈 커피잔은 적막을 들이마신다

영혼을 들여다보며 다듬기도 하는
무엇이든 거듭나게 하는 구석의 마법!

내 희망은 그곳에서 자라고 있었으니

그러므로 집구석에 앉아 뭐 하는 일 있느냐고 하는 말은 구석에 대한 예의가 아니다

오늘은 시장 골목 난전에 앉아 냉이랑 달래를 파는 노인에게서 봄을 한 봉지 사 왔다 냉이된장국을 끓여 구석에게도 봄 냄새를 한껏 풍기리라
마음먹은

구석에서부터 나는 시작된다

## 단풍 숲에서


시린 별들이 다 내려왔다
나무들 한데 모여 붉게 물든,
이곳은 포란의 계절이다

길 하나 걸어 들어가는 단풍나무 숲
들숨과 날숨으로 이 숲길 거닐다 보면
들뜬 마음이 고요해진다

불쑥불쑥 내가 단풍 숲을 찾아오는 건
무엇이든 품어 주는 나무들의 오랜 관습 때문이다

세상은 늘 위기였고,
기적처럼 나는 내일을 생각하며 살았다
들국화를 마음에 심어놓고 꽃 피우는 데 온 힘을 다 하였다

나무에게 인내를 배웠으니
붉은 나뭇잎들,
날 부른 나무들의 서간체 뜨거운 문장이다

〈
이곳을 오래 거닐면
내 안에 잠자는 꿈 하나 깨어날까
단풍나무들 서로 어울려 알을 품는 금계의 형상이다

따스하다, 따스하다
바람도 이곳에 와 숨어드는

이 계절 고독은 이곳에 와 죽었다

# 북소리

누구의 한숨으로 띄운 먹구름일까

후둑후둑 떨어지는 소나기에 지독히 울던 매미들이 뚝, 울음을 그친다 빗줄기들은 숲을 두들긴다
숲은 거대한 북이 된다

두드려라, 천둥을 동반하고 신나게 두들겨대는 이 작으면서 큰 소리들은 마음까지 들어왔다 나가는
속 시원한 난타의 방식이다

봄부터 두드리는 북소리에 싹들은 움텄고 꽃들이 벙근다

북소리에 옹이가 빠져나간다 먹구름이 진할수록 북은 더 팽팽해진다 북소리는 종소리처럼 하늘을 울리는 힘을 가졌다

울려 퍼지는 북소리는 간절한 북의 마음이다
〈

청설모가 재빨리 나무 위로 올라간다
나뭇잎 근처에서 북소리 크기를 가늠하기 위해서다
청설모가 고개를 갸우뚱,

순간 비바람에 숲이 부풀었다 꺼진다 아무도 모르게 누군가에게 활시위 당긴 것인데
이 많은 빗줄기들은 어디로 가나
북소리들은 다 어디로 가나,

일제히 마음에 들어가 박히는 촉 촉 촉들!
누군가는 근심에 화살이 적중하고, 또 어떤 이는 북소리에 가슴이 뻥 뚫린다

## 밀서

  어제 내린 비의 배후는 그리움, 먹구름에서 꺼내 쓴 필법이지 빗물은 뿌리 속 스며들어 꽃을 피우지 낙서는 생성의 뜻이고 마음을 베껴 쓰는 것, 대상을 땅 위에 그려내는 것

  산천초목 우거지지 너무 서두르지는 말아 거센 바람은 동반하지 말고, 되뇌지 세상을 스무 번 사랑하고 나를 스무 번 사랑하지 마음은 언제나 서녘에서 서성거려 창문 너머 왁자한 새 떼가 보이고

  벚나무는 연분홍 꽃치마를 둘러 입었네 문득 엄마가 생각나는 거야 바람이 불면 꽃가루 흩날리지 그것이 희디흰 눈물인지 서럽게 우는 눈물인지 몇 해 전 새가 되어 날아간 당신 만나는 노을 역이지 해가 지구를 탑승하고 마지막 정거장에 멈춰서는 시간이야

  눈시울 붉어져 지상에 잇닿은 붉음은 당신 그리운 마음 너비, 새들의 지저귐 너머 후레쉬 터트리는 은사시 팔락이는 잎들 저마다 노을을 신은 꽃들이 내 속

으로 걸어 들어오지 붉은 것 속에 넣어둔다는 건 더욱 붉게 된다*는 말

  오늘 죽어 나는 내일 다시 태어나지


  * 잡편에서

## 연못의 내용

수시로 돌멩이가 날아들었다
이유 없이 팔매질을 당해야 했으며
파문처럼 멍이 번졌다
그들이 집어 던진 건
오만과 편견과 온갖 미움들
오염이 되어가는 것을
더 이상 견디지 못한 연못은 서서히
무엇을 던져 와도 빙그레,
평정을 유지해 가는 법을 터득했으며
던져지는 무엇이든 몸 안에서 다독거렸다
그 결과 다져진 지반 위 세워진 집이 한 채,
연꽃을 피워냈다
온몸에 멍이 새겨진 잉어들은
유유히 연꽃을 배회하며 연못을 떠나지 않았다
거대한 입을 가지고서 묵언을 수행 중인데
그 기도에 매일 산이 내려와 동참하다 갔다
물 위에 그려지는 달과 별들 새들은
연못이 주로 하는 명상의 반추였다
지금 구름이 그려진 걸 보아 틀림없이

연못은 깊이 생각에 잠긴 것,
고요를 깨며 오리가 물 위를 거닐었다
파문이 일었다
소금쟁이들 긴급히 발끝으로 파문을 깁느라 분주했다
산만함에 새 한 마리 선 긋고 날아가고
물속을 유영하던 붉은 점박이 잉어들 돌연,
물의 방향을 바꾸며 꼬리로 연못의 어깨를 탁탁!
죽비를 내리치는 것이었다

## 분홍 꽃무늬 손수건


그리움은 그토록 아프게 찾아오는가

어제 간 장례식장
선자先耆의 그 목소리 내 곁에서 맴맴 돌 때
하염없이 흐르던 눈물,

슬픈 속눈썹처럼 촛불 하나 파르르 떨렸다

누군가 지나가며 내 어깨를 어루만지고 지나간 시간,
그때 분홍 꽃무늬 손수건을 꺼냈는데 아무리 찾아도 없다

닦아야만 했던 거야
간절하게 손수건이 필요했던 건데

그까짓 것 뭐 하다가도
손때 묻은 손수건은 왜 자꾸 떠오르는 건가
〈

이별이란 잠시 서녘을 바라보는 일
　손수건 하나 잊는데도 별 달이 뜬 몇 밤을 보내야 하는데
　떠난 사람 잊는 데는 오죽하겠나

　답답한 마음 창문을 여니 공중에 핀 배롱나무꽃들, 꽃나무가 내게 내민

　저 분홍 꽃무늬 손수건을 좀 봐!

2부

## 창문의 역사

창밖에 산이 있다
겨울에서 이른 봄까지 나는 순장되다
창문을 열면 비로소 펼쳐지는

거대한 사서의 하루
책장을 넘기는 바람의 긴 손가락들 보이고,

봄을 읽는 새소리는

아직 옷장 서랍에 봄이 들어 있다고
봄의 온도는 잘 개켜진 꽃무늬 티셔츠라고
여기는

내 손을 잡아 일으킨다
**빽빽**이 꽂힌 나무들이 이 세상 것 같지 않은
미래의 도서관
〈

나는 겨울을 밀고
봄을 잡아당겨 무덤의 문을 열어젖혔다

## 반달곰과 시소 타기


놀이터에 서 있는 느티나무는 시소를 타고 싶어도 땅속에 발이 묶여 바라만 보는 저녁이 있다

그 놀이터에 반달곰이 출몰한다는데 그렇게 덩치 큰 놈은 처음 본다는데 반달곰은 밤을 몸으로 쓴다

하늘이 제 몸뚱어리라고 가슴에 박힌 반달 문양이 빛을 발하는 저녁,

나는 시소에 앉아
너와 나 간격을 생각할 때

앰뷸런스 소리 길게 길을 달려간다
아마도 누군가는 다시는 오지 못할 오지로 떠나는 중인지도 모르는 일, 운명이 어디론가 배송되고 있다

우리에게 시소만큼 거리가 필요한 시간은 아프다

너는 내게 오지 않아서, 나는 네게 가지 않아서

서로에게 오지가 된다
시끄럽고 사람들 많으나 세상이 가깝고도 먼 오지였다

그리하여 시소 건너편 자리는 허공에 매달린 채 공허하다

구름 마스크 마스크! 행렬이 계속되자 서녘으로 넘어가는 태양의 핏덩이를 삼킨 반달곰,
집들의 지붕들은 서로 어깨를 마주한 채 수런거린다

달력의 숫자들은 날마다 어디로 가는지 묻고 싶은 날이 있다

제 몸의 반달로 밤의 표정을 만드는 반달곰을 바라보며
놀이터의 느티나무들 그네 미끄럼틀 철봉과 함께 돌올한,

달빛의 문장으로 나는 앉아 있다

## 느린 계절은 창밖으로 지나간다

태초에 신이 인간에게 보내는 위로는 윙크였을 것이다
달은

한쪽 눈을 지그시 감았다
뜨는데 한 달이 걸린다

그런 밤의 표정을 바라보며
7계단씩 나선형으로 돌아 돌아 올라가면
그 다세대빌라 꼭대기 층에 달팽이가 산다

아침에 출근을 위해 집을 나섰다가
달 뜬 저녁이면 집으로 돌아오는 나를
더듬이를 앞세워 탁발을 나섰다가
집으로 들어가 몸을 가두는

달팽이라 부른다면 반박할 자 누군가

해시계가 대추나무 그림자를 움직여
나무가 걷는 걸 증명해 보이는 한낮이 지나고

저녁이면 대추나무 가지 위에 걸려 있는 달

우리가 늘 하는 인사말처럼 달빛은
안녕이라는,
내게 보내는 전언인 것을

날마다 저 달의 위로를 받으며 집으로 들어갔다
나날은 나를 너무 사용하였으니

하루를 다 소진하고
내가 들어가 비로소 하나가 되는 집,

느린 계절은 창밖으로 지나간다

## 그 책의 온도

천천히 숲길을 걸어갈 때마다
허기 쪽으로 몸 기운 단풍나무들,
단풍잎들이 죄 붉다

무게 중심이 잠시 단풍나무들을 향한 것뿐인데
언제부턴가 단풍나무들은 나를 번역하기 시작했고
별들은 낱말들을 치느라 밤마다 반짝거렸다

단풍나무들이 읽은 것을 한 번 더 읽느라
달은 차오르고 이울기를 반복하였다

장미꽃보다 더 붉은 마음을 데리고 이 길을 걸어갔다

못다 쓴, 못다 이룬 마음을 소원이라 한다면
기도는 이 길 위에서 드려졌다
수없이 눈과 비를 맞은 나무들은
수없이 바람을 삼킨 나를 알아보았다

작은 바람에도 뒤척이며 흔들리던 잎들이

붉게 물들었다

이토록 뜨거운 문장들은 어떤 간절한 마음일까

단풍나무들이 나를 다 읽고 번역이 거의 끝날 즈음
사람들이 몰려오기 시작했고,
이 번역본을

나는 그저 아름답게만 바라보았을 뿐,
내 속에서 나온 적기赤記임을 알지 못했다
단풍나무 숲 사이로 난 길이 둥글게 굽어 있다

이 길을 지나가는 사람들은
따스함을 쬘 것이다

## 꽃의 사서함

　지구의 반대편에서 날아오는 날개 달린 한 문장을 기다린다

　책상 위 라벤더 화분이 있는 방
　아이의 머리를 쓰다듬듯 잎들을 어루만진다 손끝에 묻어나는 향기,
　너도 누군가 보고픈가 보다

　가슴에 꿈을 품은 자들은 스스로 단단해지기 위해 바다 건너 날아간다 돌아올 때까지 침묵의 깊이는 얼마나 아득한가

　그 적막을 메우기 위해 꽃을 피우는 일,
　일상이 유목의 피가 흐르는 너의 향기로 내 몸을 기억하는 것

　라벤더는 햇살 고인 창가에 앉아 지중해 연안을 생각 중이다
　세상 모든 초목은 꽃을 피워 제 몸의 안부를 전한다

향기를 배달하는 일은 꽃이 할 일
  피워낸 보랏빛 꽃으로 보아 손끝에 묻어난 향기의 배후는 그리움,

  드넓은 초원이 보인다

  꽃에게 말을 걸며 물을 준다
  너를 기다리며
  화분에 물을 주는 건 기도다

## 벚꽃열차

꽃은 멀리 피어 그리움을 만든다

어느 그리운 역으로 달려가는 것일까
산과 들 나무들이 빠르게 스쳐 지나간다
당신 지나온 거리만큼 기차가 달려가고 있다

봉합된 편지처럼 침묵하며 밖을 내다본다
꽃들의 위로를 받으며 나는 부쳐지고 있다
그대가 내게로 달려오던 속도가 이러했을까
연착도 없이 달려오는 봄

어떤 그리움이 나를 향해 두 팔 벌리고 달려오는지
이처럼 급하게 봄을 달려가는지
가지마다 벚꽃들 만개하였다

눈부신 꽃들의 속삭임,

풍경을 놓아 보낼수록
당신이 늘 있는 추억에 가까워지는 것이다

〈
나를 배달하느라 기차는 덜커덩덜커덩,
문자메시지 같은 정거장의 안내표지판
→ →를 따라 몇 개의 역을 지나왔다

꽃들이 나를 불러낸 게 분명하다

이렇게 환한,
꽃들의 종착역엔 당신이 서 있을까
나는 지금 벚꽃터널을 관통하고 있다

## 히아신스
-컵 속의 시간

달의 문을 반만 열어놓았다 반쯤 열려 있어도 달빛이 쏟아지는 건 매한가지

나는 당신이라는 기억 저편에 고개가 23.5도 기울어진 자전하는 지구, 그 기울기 덕분에 당신과 나 사이 거리 조정이 가능한 고요한 지구

아무 일 없다는 듯 초침처럼 맥박은 뛰나,
안드로메다에 그를 감춰두었다

햇볕이 장전된 기억에 조용히 물을 길어 올리며 그를 생각하느라 붉게 물들었다 꽃분홍 얼굴을 감추느라 감싸 안은 긴 손가락 사이로 달빛이 빠져나왔다

창문에 걸어놓은 세한도 수묵화를 바라보며 낮과 밤 쉬지 않고 걸었다 뜨거웠던 시간을 다 돌아 나오느라 슬픔이 놀러 와 있는 줄 몰랐다

내일의 태양을 예감하느라 나는 목이 마르다

〈

　온몸을 웅크린 채 날마다 물을 들이켜느라 심장에 가늘고 흰 수염이 자랐다 수염은 하루를 다 듣고 그를 듣는 귀다

　유목의 피가 흐르는 당신을 듣느라 달의 문을 반만 열어놓았다

## 숲 아궁이

　아침저녁 쌀쌀한 날씨라고 벌써 군불을 지피는 나무들
　타닥닥 불똥이 튀었는지 여기저기 타오르는 나무의 불꽃들
　안개가 연기처럼 피어올랐죠

　까치가 불씨를 부리로 콕콕 건드리며 뒤집어 보네요
　타오르는 불길 바라보다 어두운 내 안이 환해질 것만 같고요

　불길이 내게 옮겨붙을 것만 같은
　타들어 가는 숲 아궁이
　그 옛날 사랑방에 든 손님처럼
　뜨끈히 허기를 달래줄

　누구를 위한 불길인가요
　그리움도 익혀 먹을 수만 있다면
　나는 나무들 사이에 가마솥을 걸어 놓을래요
　가을의 정수리엔 불길이 온 산에 치솟을 테고
　〈

그때쯤이면 그리움도 지쳐
가마솥에 온갖 약재를 넣고
푹 고아 익은 몇 마리 토종닭같이 삶아지겠죠
한 솥 가득한 연한 육질과 육수 다디단 그 맛 같아져

정말로 어느 날엔 밤하늘 별들과 달 불러내어
후루룩 냠냠 먹는 소리에
숟가락 젓가락 부딪는 소리를 내며
그 많은 밤을 불침번 하는
그 식솔들
다 나누어 먹고도 남을 거라는 생각을 하죠
그걸 맛본 달과 별들
이 맛은 무얼까
되새기느라 밤마다 더욱 반짝일 테죠

불길 이는 나무들 사잇길을
나 걸어가고 있어요

## 혀들의 시간

사랑하는 당신, 당신께 말하고 싶어요*
요즈음 우리는 버지니아 울프를 읽으며
찻집에서 새롭게 태어나요
창밖을 보면 귀가 커진 토끼구름, 그 아래 은행나무들은
줄지어 어디로 가고 있나요
맥문동이 그려놓은 보라색 군락을 지나며 챙 넓은 모자를 쓴 여자가
허리가 긴 개를 끌고 걸어가고 있어요
혀를 길게 뺀 오후 3시의 그림자가 뒤뚱뒤뚱 걸어가요
게으른 창문 밖 풍경을 배경으로 우리가 마시는 건
한 모금의 슬픔, 그 장면들이 존재의 문장들이라면
그 문장들 표절하고 싶어요
찻잔을 기울일 때마다 하루가 이울고요
입술 문양을 찻잔에 새겨 놓는
달콤한 시간의 죽음,
찻잔 위에 침묵하는 구름들이 유유히 떠가고 있어요
우리가 구름을 연구하는 동안
낙타가 사막을 걷는 동안,

당신 거기 있나요?
꾸벅꾸벅 졸고 있는 양떼구름들 사이
카톡 카톡, 숨 넘어가는 소리가 들려오는
라떼 한 잔의 시간이에요


\* 버지니아 울프가 쓴 마지막 편지의 한 구절

## 묵언 통신

  누군가를 오래 기다려 본 사람은 안다 기다림은 제 그림자를 땅 위에 길게 늘어뜨리는 것인데

  몸에서 싹이 나고 꽃이 피었다 진다 누군가를 오래 기다린 자는 목이 길어진 자 목을 길게 빼고 기다린다 언젠가 거울 속에서 너를 본 적이 있지만 거울 속으로 들어가 버렸나, 다시는 만날 수가 없다 또다시 네가 나타날까 매일같이 거울을 들여다보지만 거울 속에는 여자가 혼자 살고 있다

  너를 앉아서는 기다릴 수 없다 몸에 십자가 지녔네

  이제 막 꽃 피운 벚나무가 그일까 언젠가 본 아름다운 건축물이 그일까

  곁의 사람들은 대부분 텔레비전 속으로 빨려 들어가거나 휴대폰 속으로 들어가거나 하면서 날들을 떠나보낸다 오래 묵은 침묵이 동행한다 시간은 시간을 잃어버린다

〈

　기다리는 자는 자신의 그림자를 밟고 서 있는 줄을 깨닫지 못한다 일생 기다리느라 앉지도 못하고 서 있는 것이다

　뜰에 목련나무 한 그루가 묵묵히 제자리를 지킨다 기다리느라 흰 새 떼 잠시 앉았다 날아가고 잎이 무성해지는 줄을 모른다 오직 진정한 자신을 만나기 위해 당신은 그토록 오랜 시간 한자리에 서 있는 것이다

# 상현

누에는 명주를 낳았으며 그것이 달빛이 밝은 이유다

하늘가에 환하게 달이 떴다
반달은 나의 마음 크기일지도 모른다는 생각,

사계처럼 내 생활은 나무 걸음
나는 뽕잎을 갉아 먹고 사는 누에였으므로
잠이라는 울타리를 가진다

수업 시간에 깜빡깜빡,
조느라 절반쯤 내용을 듣지 못했다
그리하여 반달이 떴을까

겨자씨만 한 믿음으로도 산을 옮길 수 있다*는 말을
나는 믿는다

그때 나는 잠에 취한 누에
아무런 소리가 들리지 않았다
졸음이라는 형식은 월식에 해당하므로

세상이 깜깜하였다

달 사용법은 사각사각 소리도 내지 말고
뽕잎을 저울에 달은 양만큼 꼭 그만큼씩만 먹어야 한다

우화를 떠올리며 조용히 뽕잎을 음미하고 있었다

달은 태초에 말씀이었으므로
그 말씀은 내게 다디단 뽕잎이었으므로

달이 차고 있다


\* 마태 17장 20절

## 한낮의 숲에 가보면 압니다

나무는 서 있는 게 아닙니다
하루 종일 걷고 있는 거죠
가만히 서 있는 듯 보이나 걸어가는 걸

한낮의 숲에 가 보면 압니다
나무의 발자국이 보여요

그걸 증명하기 위해 해는
나무의 그림자를 땅 위에 새겨 놓아요

하루를 지고 나무가 천천히 걸어가고 있어요

그림자가 시계의 초침처럼
제 몸의 둘레를 돕니다
하루를 한 바퀴 도는 것, 고요히
숨소리조차 내지 않고 서 있는

하늘로 치솟은 고독이 제 키만 합니다
〈

나는 숲에서 나무의 그림자와 동행할 때
제 외로움을 땅 위에 새기는 나무들을 보았어요

고독의 형태는
나무들이 꼼짝 않고 서 있는 모양이겠다는 생각,

사계절 시곗바늘은 걸음마다 비명이라
나는 나무의 고요한 발걸음이 부럽기만 합니다

## 꽃들의 배후

내 젊음을 앗아간 계절이 산자락에 꽃을 피웠다
활짝 피어난 꽃들은
세상 모든 여자의 아름다움을 가져가 피어난 것이다

아름다움은 꽃이 활짝 핀 모습 그러나

목련을 바라보지 마라
바라보는 순간 늙을 것이다
벚꽃을 바라보지 마라
꽃처럼 이내 질 것이다

여자들은 세상 모든 꽃 피우느라 늙는 것이다
빛바랜 꽃잎처럼 시들어 가는 것

계절은 젊음을 가져가고
아무도 모르게 무시로 앗아가고,

겨울 지나 꽃 필 때 여자들은 늙어간다
꽃이 꽃을 피운다는 것

〈
누가 돌을 던졌나,
거울은 호수여서 맑은 호수여서 들여다볼 때마다 파문 인다
얼굴의 주름살은 파문의 증거

꽃들이 피어날 때
파문이 하나씩 늘어간 것인데

해마다 꽃을 피운 것뿐인데
봄날이 다 늙었다

## 꽃들은 뿌리의 말이다

어젯밤 꿈에 놓쳐버린 꽃사슴을 아쉬워한다

약수터 오르는 길,
약수터엔 약수가 없다

나와 눈이 마주친 청설모가 쏜살같이 달아난다

진달래 철쭉이 지는 걸 보지 못했다

그 많던 개망초나 쑥부쟁이는 다 어디로 갔나

갈대는 갈 데가 없어서 제자리에 마른 채로 무리 지어 서 있다

모든 생명력 있는 것들은 죽어서 별이 된다는 말을 나는 믿는다
오늘 밤에는 꽃들의 별자리를 찾아봐야겠다

오늘이 선물이라면 내일의 나는 역사 속에 갇혀 있

을 것이다

  얼어버린 연못이 침묵이라면
  잃어버린 나의 언어는 어디에서 찾을까

  저기 있는 저 말뚝은 말 맬 말뚝인가
  말 못 맬 말뚝인가

  꽃들은 뿌리의 말이다

  내가 그린 기린 그림은 못 그린 기린 그림이다
  주어진 말놀이 과제나 실행해야겠다

  내 안에 꽃사슴을 너무 가둬 두었다

3부

## 잎들의 아침은 화병 속에서 걸어 나온다

맨 처음 고구마는 내가 읽을 수 없는 문장이었다

내게 무슨 할 말이 있는지
검은 비닐봉지 속에서 싹들은 고개를 내밀고

전언은
주둥이가 넓고 엉덩이는 큰 화병에 고구마를 넣고
물을 주는 데서부터 시작된다

하고 싶은 말 가슴에 묻고 오죽 답답했을까

화병의 심장이 된 고구마,
제 몸을 온전히 잎들에게 내어준다
화병의 날개 같은 잎들이 자란다

하트 모양 둥근 잎들이야말로 내게 하는
삶에 대한 근원적 질문

나는 화병과 뜻을 같이하기로 한다

〈
줄기들 창문을 붙잡고 기어오르는
저 날갯짓,

사는 일은 안간힘을 다해 비행을 꿈꾸는 일이 아닌가

## 구름을 빌려


화단에 꽃 피었다
분꽃이

한 줄기에 세 가지 색이라니!
저 색상들
언젠가 내 안에 저장한 아름다운 노을과 양귀비꽃색 아닐까

지상의 모든 쓰기는 비에서부터 시작된다

구름을 빌려
비는 제 몸을 먼 수평선에서부터 끌어와 땅 위에 쓰기 시작한다
저 흘림체,
나도 무언가 문득 생각날 때 저랬지
금세 잊을까 기록은 뜀

움푹 파인 물웅덩이마다 빗방울들, 파문 인다
썼다가 지우고 또 썼다가 지우는

저 문장들 쉽게 보면 안 돼

그러고 보면 비를 받아쓴 나무들은 몸속에 나이테를 그리고
우리는 늙으면 얼굴에 파문 일지

은유일까 직유일까
그러니까 당신을 빌려 나도
받아 쓰인 작품인 걸 부인 못 하지

비 온다,
올여름 다녀온 속초 앞바다가 내게로 오는 것

그때 두고 온 모래사장과 갈매기울음 그리고 파도소리가 내게 오는 이유는 무얼까

나는 올해 수많은 날들을 떠나보냈지만

무성한 그늘을 집필하느라

여름내 까치발을 든 감나무나
여러 색으로 창작을 불태운 분꽃만도 못 하였다

열린 창밖으로 또 하나 계절이 스쳐 지나간다

## 커피는 흰 날개가 있어 자꾸만 날아가려 한다

이 시간 창문 밖 풍경은 공중 정원이다
후둑후둑 건너편 숲에 떨어지는 빗소리 들려오고,
빗소리는 내 안의 또 다른 나를 흔들어 깨운다
빗소리 번진다

옆집 빌라의 옥상에는 아직은 초록인 토마토가 주렁주렁 알이 굵은, 올해 내 노력의 결실이 거기서 실하게 자라고 있는 줄은 몰랐던 것이다

창문을 닫으면 안 보이고
열면 보이는,
한주먹으로 열망이 요약되고 있는 줄을 미처 몰랐다

그것은 네모난 아이스박스 안 토양에서도 자랄 수 있다는 것인데
나는 비로소 내 안의 또 다른 내가 살고 있음을 깨닫는다

〈
고뇌에도 형태가 있다면 새일는지도 모른다

어제 슬피 울던 나는
그저께 불우했던 나는 새가 되어 숲으로 날아간다

꽃 한 송이에도
나뭇가지 흔드는 작은 바람에도 마음을 빼앗기는 내가
오늘은 창가에 앉아 고요하다 적멸의 고독,

어쩌면 고독이 방패인 줄도 모른다

타악기가 된 숲의 나뭇잎들이 내는 빗소리와
내 사랑스런 토마토와 함께 오후의 시간을 건너가고 있다

그러므로 오늘같이 비가 내리는 날엔 나를 다 받아

주는 커피 한잔이 또 다른 세상을 음미하게 만든다고 되뇌는

  나는 공중 정원에서 한동안 눈을 뗄 수가 없다

## 고양이 독법

달은 고양이에게 비린 밤을 대여합니다
전신주가 배가 불룩한 쓰레기봉투를 낳고,
고양이 눈에 120촉 알전구가 켜지는 시간이에요
고양이 등에서 밤이 파도처럼 밀려옵니다
어둠 속에는 날카로운 발톱으로 찢고 읽어야 할
문장이 적혀 있고요
고양이는 그 알토란 같은 문장을 읽어갑니다
이 골목 저 골목, 골목의 심장이 되어 밤을 누비고 다니다가
빈속을 채웁니다
펼쳐진 밤의 페이지를 넘기곤 합니다
그때 골목의 담장은 팔랑팔랑 넘겨지는 페이지,
허기를 위하여 책장을 넘기는 속도는 은밀하고 민첩합니다
길들인 밤의 독법이 노련하지요
어두운 골목을 호시탐탐 노리다가
소한에서 대한으로 가는 담벼락을 건너뛰기도 하는데
그때 독파한 문장으로 겨우내 계절풍을 앓습니다

홀연히 사내가 담배에 불을 붙이기 위해 라이터로
한 마리 흰 나비를 어둠 속으로 날려 보내자
오래 사육된 밤이 납작 엎드립니다
고양이는 어둠 벽에 숨어 한 장 한 장 넘기며 밤을 읽어갑니다
울음을 벽에 발라 책장을 넘기는,
두근거리는 골목 하늘가엔
밤 고양이를 키우느라 지친 달도 주린 배를 움켜쥐지만
불 켜진 창문의 검은 페이지 독해는
새벽까지
달이 차오를 때까지 끝나지 않아요

## 저녁이 아름다운 건


창문 밖 일제히 피어나는 불빛들이 꽃밭으로 보이는

저녁이 아름다운 건
불빛들 모여 꽃밭을 이루었기 때문이다

불빛들이 마음 환히 밝혀준다면
꽃밭인 게 분명하다

내가 저녁의 창밖에 눈길이 자꾸 머무는 건
내 안에 감춰둔 꽃밭으로 인함이다

밤하늘 별빛이 아름다운 건
하늘이 거울인 까닭

노을 지나가는 시간,
나는 저녁의 불빛들 읽는 버릇이 있다

꽃들을 읽은 것처럼 마음 환하게 불이 들어오므로
꽃밭을 읽은 게 틀림없다

〈
밤하늘 별들이 빛을 발하는 것도
하늘이 지상의 불빛들 읽은 근거

불빛은 집들의 따스한 심장이었으므로

집들의 심장 뛰는 속도에 따라
별들도 반짝이며 빛을 발하는 게 아닐까

이 찬란한 저녁

## 채송화
-이나에게


  네 손에 들려진 붉은 잔,

  너는 마당귀나 담 밑에 쪼그려 앉길 좋아했지 쪼그려 앉아 고만고만한 돌멩이 다섯 개 짝 맞추어 온종일 공기놀이하던 아이 공깃돌이 손등에 모두 올라가 꺾기가 잘 되었는지 키득 키득거리다가

  너의 마음 빈 들에서 바람과 뛰어놀다 바람이 간지럼을 태웠는지 까륵 까르르

  저벅저벅 발자국소리 지나가고 먹구름이 끼던 어느 날 너의 가녀린 어깨가 마구 흔들렸지 어김없이 그런 날 아침이면 너의 눈가에 맺히던 눈물방울 천둥과 번개를 얼마나 견디었니

  어둠의 그림자가 매일같이 그물망을 던져 널 포획하려 하였으나 검은 그물망이 담이나 마당귀에 걸려 무사했던
  잘 웃는 아이,

〈
웃음소리가 너를 키운 거야

지금 누구와 얘기 중인 거니?
환하게 웃음꽃 피운 너의 모습으로 예감하는 내 사랑의 척도로 보아 너는 지금 누군가와 잔을 높이 들어 축배 중이란 걸 나는 알겠다

## 산수유꽃

꽃샘추위 물러나자 일제히 피어나는 꽃들

저건 열꽃이다 기침이다 재채기다

그때 내가 열이 나고 으슬으슬 춥고 떨릴 때
나뭇가지마다 소름이 돋았다

독감을 앓아 나는 몸져누웠고,
한 보름 보름달 같은 알약들 먹으며 이불 뒤집어쓰고 누워 있을 때

잠결인 듯 약 기운인 듯 네 이름을 불렀다

겨우내 침묵했던 모든 말들이 풀려나며 가지마다 싹이 돋았다
뿌리들 흠뻑 물을 길어 올렸을 터
그때 지구가 기우뚱,

나는 중심을 잃고 말았던 것이다

〈

　창문 너머 바라보던 하늘로 뻗어 올라간 나무의 길들 위에

　노랗게 피어난 꽃들

　네게로 가는 길이 참 멀다

## 사과가 왔다


얼음골에서 그가 사과를 보내왔다
한 박스에 담긴 이것들은

태양과 비바람,
봄부터 가을까지 뿌리로부터 물을 끌어 올린 나무의 물관을 기억하는지
붉었다

매일같이 온종일 바삐 움직인 노동의 손끝에 사과가 달려
빨갛게 익어갔다

둥근 열매들은 공중에 매달려
종을 울리고

그는 사과 한 알에
자신의 가장 깊은 내면을 맛으로 족적을 남겼다

나는 아직 나를 모른다

사각사각 칼날이 스쳐 지나갈 때마다 저녁은 이울고,

평생 끊임없이 나를 깨달으며 살고 있는 내게
하얀 속살 사과는 달콤함으로 뒤통수치며 입속으로 사라졌다
생이 어디 달콤하기만 한가

창문을 두드리는 바람은 누구를 부르는 소리일까

사과는 그의 영혼이었다

## 단풍나무 고양이


그 빌라 앞 단풍나무를 지나칠 때마다
고양이 울음이 들려왔다
붉은 잎들이 흔들렸다
야옹야옹 흔들렸다

밤마다 담장을 넘던 고양이 울음이 창문을 기웃거렸다
창문에서 새어 나오는 불빛이 나비를 키웠다
웃음소리 밥 먹는 소리 텔레비전 소리가 울음을 키웠다
붉은 잎들은 밤마다 울음을 달래려 내려온
별의 발자국

주인의 발에 보드라운 털을 비비고
밥을 먹은 후 수염을 다듬던 것을 기억하는지
잎들을 하나둘 떨어트렸다
단풍잎들이 계단 앞에 모였다
고양이 울음이 새빨갛게 문전성시를 이루었다

고양이는 자주 목이 말랐다

이 계절 단풍나무가 잎을 모두 떨구는 건
지독한 그리움 때문일 것이다

외출에서 돌아온 소녀가 떨어진 잎들 중
가장 붉은색을 주어 책갈피에 끼워 넣었다
어느 날 문득 책장을 열면 핏빛
고양이 발자국이 찍혀 있을 것이다

## 강물의 지도

 강물도 나무의 몸을 빌려 우뚝 서 있고 싶은 것이다 물의 주소 없이 뿌리 근성으로 강물에 도착하는 나무들, 강물이 차곡차곡 나무의 몸에 쌓인다

 폭우가 강물인 줄 알고 몸의 방향을 틀어 하늘로 치솟던 잉어가 제 몸의 무게를 이기지 못하고 아낙의 치마 속으로 떨어져 내렸다 이듬해 나는 태어났으니

 그날엔 물고기가 물을 만난 듯 거리를 나다니곤 하는 것이다 물에서 왔으니 물 만난 새보다는 물 만난 물고기여서 다행이다

 목마른 짐승들 목 축여 가는 강물, 노루 사슴이 내려와 물을 먹고, 새들이 날아와 물을 먹는다 도처에 길이 나 있다 어디로 가야 하는지 내게 묻고 싶은 날이 있다

 노루가 되고 사슴이 되고 새가 되어 강물은 뛰어다니고 걸어 다니고 하늘을 날아보는 것이다 꽃의 몸을 빌려 활짝 피어나 보기도 하는 것이다

〈

　울긋불긋 나무들 바람 가락에 맞추어 이리저리 흔들린다 강물이 춤을 추는 것이다 꿈이 그렇게 펼쳐질 수 있는가 한껏 흔들릴 수 있는가

## 은행나무 새

피곤한 날개에 구름을 묻히고 새들이 돌아온다 떠들썩하게,

잎새들 팔락이며
나무가 돌아오는 것이다

바구니 울타리 전갈 양 무지개 노트……
구름 속에는 무한히 들어 있다

새들은
구름을 다녀오는 것이다

오랜 묵상 중에도 나무는 구름을 들락거린다

새들이 지저귄다
나무가 행려병자에게 안식을 타전하는 거다

지상에 발이 묶인 나무,
잎사귀로

새의 깃털에서 구름 냄새를 맡는다

잎새가 이룬 새장
온갖 형상을 한 구름이 머리 위로 흘러간다

새들이 잠을 자는 저녁이면 구름 속에서 달을 꺼내
달빛이불을 덮는 나무,

영원히 죽지에 다리 하나 묻고 잠자는 새다

## 골목길은 소화 중이다

 확성기는 1톤 트럭 앞에 달려 있다
 동네 골목을 빠져나가는 내 꽁무니를 졸졸 따라 나오며 나를 호명한다 입술을 움직이지도 않고 또박또박 끊임없이

 오이 고추 당근 양파 마늘 상추 미나리 시래기나물 무말랭이 사과 배 토마토 자반고등어 가자미 밴댕이……

 그건 지상에 많은 내 이름들

 나는 어쩌면 한 개의 사과나 시금치를 먹기 위해 태어난 것인지도 모른다

 일생 내 위장을 통과한 무치고 끓이고 볶은 것들이
 나를 여기까지 데려온 게 아닐까

 내 삶을 숟가락질한 날들아,
 꼬박꼬박 먹기를 거르지 않은

하루 세 끼의 밥상이다 나는,

매일 끼니를 담아온 그릇이라 친다면
밥상 위에서 빛나는 숟가락 젓가락 행진곡에 맞추어

얼마나 많은 날들을 꼭꼭 씹으며 걸어왔을까

A4용지에 쓰는 단어들의 지경이 허기에서 비롯된 것인지
먹어도 허전한 내 속만 같은 골목길에게 묻는다

구름들 뭐 살 것 있나, 몰려온다
뭉게구름이란 말보다
자반고등어 밴댕이 무말랭이로 불리는 건 싫다, 뒤돌아보니
동네 화단에 핀 메꽃들이 확성기를 따라 복화술을 하고 있다

## 달빛이 주머니 속을 들여다보는 밤

뛴다, 별들 박혀 천장이 휘황한 운동장을

나는 동전 소리로 가득한 땅 위에 하루를 내려놓는다
내 몸 깃대로 원을 그리며 한 바퀴 돌고 나면 맨 처음 뛰기 시작한 바람과 마주친다

이처럼 긴 바람깃발,
운동장을 돌며 감아도 끝없겠네

달빛이 주머니 속을 자꾸만 들여다보는 밤,
달빛 타고 내려와
별들도 시름 내려놓겠네
잠 속에서도 아이들은 깔깔, 이곳에 와 모래성을 쌓을 것이고

주머니 속은 동전들이 단단한 씨앗처럼 들어 있는 방이다

뛴다, 명랑 어조로!

동전들이 서로 몸을 부딪치면서 쩔렁쩔렁,
어둠을 깨우는 동전 소리와 함께
나는 운동장을 몇 바퀴나 돌았다

별들을 돌고
동네 불 켜진 십자가를 돌고
이 저녁을 다 돌았다

사실 운동장이,
별들과 이 저녁이 나를 돌렸다

4부

## 채송화밭

여우비가 지나갔나, 담 밑 채송화꽃 위에 빗방울들 알알이 태양이 들어 있다

개미 떼가 몰려간다 개미나라에 건기가 지속되어 하늘을 향하여 더듬이들 모아 간절히 허공에 빌었을 테지 소나기가 멈추자 개미들 하나둘 축포를 쏘아 올렸던 거지

먹구름이 몰려오지 않아도 물뿌리개 하나로 꽃밭에 비를 내리던 아이가 꽃밭 앞에 쪼그려 앉아 있다
아이의 눈망울 속에도 불꽃들이 피어났다 눈을 깜빡이면 이내 사라져버리곤 하는 불꽃들

나비 몇, 불꽃의 여운 같은 날갯짓을 하며
이 꽃에서 저 꽃으로 날아간다 잠시 아이의 몸이 나비를 쫓아 기우뚱, 기우뚱거리는 사이 해가 오후 2시 방향으로 고개를 떨구고

사그라지는 불꽃들, 개미들이 흩어진다

〈

　제 몸엔 커다란,

　물뿌리개를 들고 아이가 일어선다 개미들이 신전 기둥이라 여겼을 두 발이 뚜벅뚜벅 걸어간다 꽃밭을 눈에 담고 가는 아이,

　눈망울 속에서 불꽃들은 터지고 있을 테지

## 이맘때가 되면

  목련나무는 봄밤을 풀어서 목련을 꽃 피운다 이맘때가 되면 목련 꽃봉오리들은 왜 벌어지나

  목련나무 곁을 지나가다 말고 발걸음을 멈춰 선다 목련 꽃을 물끄러미 바라보는 것은 내 안의 내밀한 것들이 은밀하게 목련의 깊은 뜻에 당도한다는 것이 된다

  공중에 적어놓은 목련의 문장이 단단하다 목련의 전언이 무엇인지 눈치채지 못한 어젯밤 달은 입술을 앙, 다물었다 달빛이 희미했다 달이 보름달이 되곤 하는 동안 천 년이 지나도록 궤도 이탈 않는 것은 저 목련 때문인지도 모른다

  목련꽃은 뛰어내린 달빛일까

  쓰다만 봄볕 놔두고 목련 어디로 가나 꼭 이맘때가 되면 세상을 향하여 치맛자락 스치며 목젖 환히 보이도록 만세를 외치다 지는 것은 목련이 으레 하는 몸짓인 것처럼

흰옷 입은 그날의 재현인 것을

미처 깨닫지 못한 나를 위로라도 하는 듯이 **팽팽하게 당겨진 3월**, 빈 하늘엔 흰 구름만 유유히 흘러가고 있다

## 보름달 속 그림자

 식탁 위에 뜬 보름달, 창문 밖 별들이 촘촘한 것을 하늘이 뭔가 곰곰 생각하는 중이라 말해도 되나, 구운 김을 흰 쌀밥 위에 얹어 먹는 저녁, 그 고요를 촘촘한 바다를 짭조름히 읽어나간 방식이라 말해도 되나

 이 저녁 보름달 속 그림자를 딸에게 저녁상을 차려주고 먼발치에 앉아 뜨개질하는 어머니라 말해도 되나, 스웨터와 김의 조응 관계에 대해 조용히 음미하는 시간이다

 어머니가 뜨개실로 스웨터를 짜는 속도로 김은 해풍에 말라갔을 것이다 한 코 한 코 떠나간 뜨개질은 출타한 아들을 기다리는 어머니 기다림 형식이고, 바람에 코를 꿰이면서 조금씩 마른 김은 바람 최초의 길이 된 사연이다

 이만한 장서는 없을 것이다

 완성된 스웨터를 입어 보는 순간 한 마리 갈매기 되

어 바다로 날아올랐을 것이다 들숨과 날숨으로 드나들며 올마다 불러낸 섬집 아이 자장가에 포근히 잠이 들고, 바닷속 바위를 움켜쥐고 자라난 김이 물의 방향을 따라 몸이 흔들렸던 것도 바다가 불러주는 자장가 때문이었을 것이다

 김 한 장에 새겨진 바람의 보폭 문양을 오래 바라보는 것은 몸속 어딘가 남아 있는 갈매기울음을 기억해내려는 것이다 지척에 바다를 두고도 먼 풍경이 그리운 나는 보름달 속 그림자를 들여다보며 부엌 괘종시계 시간이 수평선에 걸릴 때까지 끼륵끼륵 갈매기처럼 바다 위에 떠 있는 것이다

## 저녁은 적막이라는 이름의 파일 형식이다

산동네를 지나 천천히 약수터로 올라간다
걸음을 옮겨놓을 때마다 편이 갈리며
바싹 다가서는 나무들,
질질 끌고 지나온 길이
등 뒤에서 단단하게 맞물린다
거친 숨소리와 풀벌레 울음이 함께 딸려온다
아아, 굳게 물린 입에서 터지는 외마디에
뚝뚝 떨어지는 단풍잎들
잠시 걸음을 멈춘다
뚫린 숲의 구멍 사이로
그리움을 내다보는 사이 찰깍,
플래시를 터트리며 햇살은
하얗게 인화되는 해골 하나 저장한다
그대로 그림자를 턱까지 끌어당기며
숲길 흐르다가 맞는 저녁,
걸음이 떡갈나무 아래서
마지막 남은 입구를 채우며 멈춘다
포물선을 그리며 지나온 길이
지퍼처럼 닫혀 보이질 않는다

풀벌레 소리도 멎었다
잠시 눈을 감고 기댄 자리에
단풍잎이 떨어져 수북이 쌓인다
나무의 각혈,
또 한 계절이 지워지고 있다
*저녁은 적막이라는 이름의 또 다른 파일 형식이다*

## 갯벌 수선집

시장 안 갯벌 수선집에서는
썰물 중 갯벌을 수선하고 있다
엽낭게가 모래알들을 밀어 올린 듯
그녀 얼굴에 구슬땀이 송송 맺혀 있다

바다의 치맛단을 줄일라치면
줄자로 잰 눈금을 따라 찰랑거리던 길이가 싹둑,

잘려나간다 멀리 뵈던 수평선이 가까워진다
도르르 박음질 소리
파도 소리로 지나간다

그녀의 박음질은 수평선을 닮아 삐뚜름 없다

그녀가 하품할 때 혓바닥은 흡사
뻘 밖으로 기어 나왔다가 제자리로 돌아가는 조갯살,
꾹 다문 입술엔 조개무늬 주름이 깊게 새겨 있다
〈

전등 불빛이 희번득, 밝혀지고
졸음을 쫓느라 켜 놓은 라디오에서 유행가가 흘러나온다
노랫소리 듣고 기어 나왔을까
옷을 깁는 손 영락없이
갯벌 위 잰걸음으로 기어가는 두 마리 꽃게다

꽃게 등에 태워 보낸 하루,
해감을 일으킬 때
어둠이 수선집 셔터를 내리면
갯벌 위에서 달과 별들 밤새 거닐겠다

## 철새도래지

  수산시장 길목을 지키는 민물장어집, 여자의 치마가
강물처럼 너울거린다 그 치마폭을 따라가면
  가슴께 바람에 잘 견디는 갈대밭이 있다

  바람 불 때마다
몸 부딪는 소리가 나는 완만한 곡선의 철새도래지,

  그 갈대밭 일대는 떠들썩하게 새들의 울음이 범람하고

  강과 바다가 만나는 낙동강 하구 같은 시장 길목으론
재두루미, 저어새 등 철새처럼 사람들이 몰려든다

  간간 허름한 민물장어집을 찾아주는 사람들이 있어
행복한 여자는 어물전을 살피느라 온종일 손길 분주
하다가도

  물새 떼가 고요히 갈대밭에 내려앉아 잠을 자는 저
녁이면
  〈

거울 속 그녀와 마주 앉아 마시는 소주가 달다 한 개
비 담배 연기는 늑골 언저리에서 꺼낸 한 무리 흰 물
새 떼,
하늘로 날려 보낸다

세상에서 가장 아름다운 군무가 시작된 것이다

새 떼 이리저리 몰려다니며 공중에 여자가 가고 싶
은 나라의 지도를 그리기도 하고 보고 싶은 얼굴을 그
려놓기도 한다

삼 남매를 모두 객지로 떠나보낸 이 생각 저 생각들에
어스름 속에 홀로 앉아 멀뚱멀뚱,

장어 잉어 미꾸라지가 숨죽이고 있는 커다란 고무
다라이들 속으로 하늘의 달과 별들이 뛰어내려 밤을
지새우는 줄도 모른다

## 달의 저녁

　얼마를 달린 것일까
　궁굴리며 달려온 길이 달 속에 있을 것이다

　빈 나뭇가지 위에 까치는
　잔가지를 물어다 얼기설기 엮어 둥지를 트는 공원의 우레탄 트랙,
　야윈 갈대들이
　해 지는 길을 물끄러미 바라보고 있다
　이 시간 이 풍경에 세 들어 달린 지 오래,
　길이 나를 끌고 달린다

　닳고 닳은 운동화가 이곳에선 탄력이 붙는 이유는 무언가
　달리면서도 백석과
　한 그루의 늙은 회화나무를 떠올리며 맞는 저녁,
　어스름 속에선 풍경과 나 어둠이 되지만
　내게 용기를 주는 건 이 길뿐이다

　수은등이 길을 끌다 환히 밝혔어도 부재중인 삶뿐,

내 안의 길을 더듬는다
　들숨과 날숨의 길들

　오늘이 내일의 손을 잡으며 작별을 고하는 이 길 끝,
담 너머에
　누군가 서 있을 것만 같아
　별의 초인종을 눌러본다
　달빛이 열린다

　내 등에 새겨진 달의 지도가 흠뻑 젖어 있다

　달이 온밤을 지키려
　길고 긴 제 옷을 벗어 나뭇가지에 거는 이 시간

## 활


온종일 골목을 도는 고단한 삶이 당겨지고
노인은

도로변에서 허리를 펴느라 안간힘을 써 바퀴자국에 쉼표를 찍는다
리어카에 폐휴지를 가득 싣고 골목을 돌아 나오는 동안 몇 번이나 숨을 몰아쉬며 몸을 곤추세웠을까
지나온 바퀴자국이 흔들린다

평생 삶의 강연(剛軟)을 팽팽히 조절하느라 굽었을 저 몸, 세상을 품었다는 뜻일까

앙상한 몸 시위 당겨 가까스로 볕을 끌어다 굽은 등에 붙였다

바람에 시위 우는 활
하루하루가 과녁이었다

땀으로 흠뻑 젖어 있는 노인,

리어카에 석양을 겨우 부려 놓았으니
　끌고 온 길이 잔뜩 휜다

　이제 그만 가자고
　오늘이 서녘의 활을 잡아당기는가 보다

　리어카에 어둠을 싣고 오늘도
　해 저문 하늘 기러기 떼처럼 불 꺼진 과녁을 향하여
골목길을 되돌아간다
　오래 앓는 무릎의 울음같이

　바람이 지나간다

## 갈매기가 들려주는 바다 시에 귀 기울여본 적 있다

그 시집 참 크기도 하지
해변에서 수평선까지가 시집의 너비였으니

수평선을 중심으로 제본했겠네

수평선이 꽉 쥐고 있는 시집의 페이지들을
바람은 바닷가 쪽으로 자꾸만 넘기곤 하는데
우리는 그걸 파도라 부르지

밀려왔다 밀려간다는 건
끊임없이 페이지가 펼쳐진다는 것
바다가 읽기를 권한다는 얘기로 봐도 되나

왜 파도는 가슴 근처에 와 부서지는가

파도일 때 나는 페이지 넘어가는 소리
그 소리 나는 좋아
바다에 가
오래 바닷가 앉아 있으면

바다는 내가 해변인 줄 알지
내게로 파도가 치지

문장들은 밀려와
내 안의 종을 울리고

속내 깊은 시를 읽고 싶거들랑 바다로 가자

저물녘 해가 시 집으로 잠자러 들어가면
부표 같은 달이 떠 밤새 읽는 시집,

당신은 갈매기가 들려주는 바다 시에 귀 기울여본 적 있나

# 바다의 시집 읽기

S 시인의 4번째 나온 시집은
바다가 무진장 읽고 싶은 시집이라지
문장들로 마음을 울릴 수 있다는 건
파도가 모래밭을 적시는 것과 다름이 없지

파도가 수없이 밀려갔다 밀려온다는 건
끊임없이 페이지가 펼쳐진다는 것

그 바다는 눈이 나쁜 관계로 왼손에 시집을 들고 엄지 하나로 페이지를 넘기곤 하지
그럼 오른손은 뭐 하고 있느냐고 묻는 이가 있다면
오른손엔 커다란 돋보기를 문장에 들이대야 한다고 말하고 싶군
차르르르 잘도 넘어가는 시집의 페이지들

그러나 정작 읽고 싶은 페이지들이 파도에 실려 팔랑팔랑 넘어가 버리기 일쑤,
바다는 밤새 아니, 온종일 시집을 읽는 독서왕
〈

쉴 새 없이 밀려왔다 밀려가는 페이지들
　문장들이 모래밭에 엉덩이를 내려놓기도 전에 수평선 쪽으로 되돌아가곤 하지
　정독하고 싶은 간절한 마음에도 아랑곳없이 제목들만 파도처럼 펼쳐지네
　*차갑고 어두운, 하늘에서 흰 머리가 내리는군…*

바람을 원망하려다가
목차를 보고 페이지를 열자 마음먹지
그러니까 수평선처럼 마음을 꽉 부여잡고 나서
바로 원하는 페이지를 펼치고 음미하면 되는,

마침내 바다의 숨소리조차 잔잔해지는 시간이지
속내 깊은 문장들이 가슴을 적시며 밀려오는 시간이야

## 우리는 같은 길을 걸어가면서도 각자 다른 세계의 길을 걸어간다

겨울 지난 벚나무가 제 몸을 데우려
몸에 불을 지필 때

피어난 꽃 길목이 다 환하네

사람들이 하나, 둘
모였다 흩어지고

벚나무 아래
지붕이 온통 벚꽃인 포장마차 안,
여자가 붕어빵을 굽고 있네

지나가는 사람들이 벚꽃 보며 환해지는 시간,
여자는 길목에 붕어빵 냄새를 부릴 뿐이네

붕어빵은 뜨겁게 구워지는데
여자 마음 아직 차디찬 겨울을 벗어나지 못했는지
손이 벚나무 등걸처럼 검고 퉁퉁 부었네
〈

뜨거운 붕어빵으로 불을 지펴 희디흰 꽃 피울 건가,
여자는 꽃잎 세는 걸 포기한 채
붕어빵을 구울 것이네

바람은 빵 냄새를 공중에 흩뿌리며 지나가고,
나는 벚나무 꽃그늘을 지나가는 사람

이곳을 지나는 사람들은 모두
한순간의 아름다움,
벚나무 천년 꿈속으로 걸어 들어갔다 나오는 것이네

## 사과

걱정을 다 삼켰지

울음이 터져 나오지 않도록

사과의 붉음은

제 몸에 노을을 차곡차곡 쌓아놓은 것이다

저녁은 사과의 말 한마디 없고

노을은 지기 위해 더 아름다워야 한다

누군가의 과녁이 되기 위하여

나는 더 아파야 한다

■□ 해설

# 구석의 전복성과 모순의 문장들

서안나(시인·문학평론가)

> 꽃들은 뿌리의 말이다 어젯밤 꿈에 놓쳐버린 꽃사슴을 아쉬워한다 주어진 말놀이 과제나 실행해야겠다 내 안에 꽃사슴을 너무 가둬 두었다
> -「꽃들은 뿌리의 말이다」

## 1. 모순의 문장과 난독의 즐거움

이순주 시인의 시집 원고를 감은 눈으로 읽었다. 시는 함축적이며 이미지와 상상력이 겹겹이 들어찬 겹꽃 같아 독자들에게 쉽게 맨얼굴을 드러내지 않는다. 독자가 시를 여러 번 읽고 음미할 때 비로소 시의 다양한 결을 해독할 수 있다. 읽을 때마다 시가 독자에게 다른 표정을 제공하

는 이유 역시, 시인이 시에 숨겨둔 다양한 시적 장치와 상징의 힘에 있다. 이순주 시인의 시집 역시 그렇다.

  그의 시집에는 사유의 궤적을 내장한 문장들이 시집 곳곳에 버티고 서 있다. 좋은 문장들이 많다는 것은 시인이 시집에 많은 공력을 들였다는 것이다. 이순주 시집에서 개성적인 문장은 두 가지 형식으로 등장한다. 하나는 감각의 결합과 전이를 통한 소재의 변용이다. 시각적 감각이 청각이나 후각 등 타 감각으로 전이되어 촉각으로 나아가는 데 있다. 감각 간 결합과 타감 각으로의 전이는 단독 감각의 구사보다, 자연과 인간이 경계가 합일하는 물활론적인 촉각의 세계로 나아가고 있다.

    간절한 기도의 방식 우리가 먹은 건 붉은 생애 - 「하현」

    잠에서 막 깨어난 달빛을 다 끌어온 이 서가, - 「한 권의 책」

    내 울음은 어두움을 달래려 무시로 피어나는 꽃 - 「검은 고양이」

펼쳐진 화선지 위에 한 자루 붓이 어둠을 토해낼 때 달빛과 먹이 섞이면 비백이 생긴다 창문은 악보처럼 열려 있다 - 「달빛은 듣는 것이다」

또 다른 문장의 형식은 문장의 주어부와 서술부의 폭력적 결합이다. 이 폭력적 결합은 문장의 주어부와 서술부에 여백을 건설하여 시적 발견을 가능케 한다. 층위가 다른 사물이나 돌연한 이미지 간의 결합은 독자들에게 신선한 미적 체험을 제공하고, 삶의 비의(祕義)와 진실에 가 닿는 체험의 동기를 제공한다.

이 계절 고독은 이곳에 와 죽었다 - 「단풍 숲에서」

세상을 스무 번 사랑하고 나를 스무 번 사랑하지 오늘 죽어 나는 내일 다시 태어나지 - 「밀서」

여기까지 걸어온 모든 궁리가 구석에서 나온 것이었으니, 구석에도 감정이 있네 영혼을 들여다보며 다듬기도 하는 무엇이든 거듭나게 하는 구석의 마법! 내 희망은 그곳에서 자라고 있었으니 - 「어떤 계절은 구석에서 시작된다」

그리움은 그토록 아프게 찾아오는가 이별이란 잠시 서녘을 바라보는 일 - 「분홍 꽃무늬 손수건」

너는 내게 오지 않아서, 나는 네게 가지 않아서 서로에게 오지가 된다 - 「반달곰과 시소 타기」

너를 기다리며 화분에 물을 주는 건 기도다 - 「꽃의 사서함」

꽃은 멀리 피어 그리움을 만든다 (… 중략 …) 꽃들이 나를 불러낸 게 분명하다 - 「벚꽃열차」

불빛들이 마음 환히 밝혀준다면 꽃밭인 게 분명하다 - 「저녁이 아름다운 건」

활짝 피어난 꽃들은 세상 모든 여자의 아름다움을 가져가 피어난 것이다 - 「꽃들의 배후」

이순주 시집에서 드러나는 문장의 특징은 아포리즘의 글쓰기로 나아가는 과정을 보여주고 있다. 아포리즘의 사

전적 정의를 살펴보면, "신조, 원리, 진리 등을 간결하고 압축적인 형식으로 나타낸 짧은 글"이다. 아포리즘 문장은 "~이다"라고 끝을 맺으며, 구체적 대상에서 비구체적이고 관념적으로 나아간다. 아포리즘의 문장은 독자들에게 신선한 감각으로 삶의 진리나 가치 등을 제공하여 독자와의 공감대를 강화하는 역할을 한다. 시집에서 아포리즘 글쓰기가 시의 곳곳에서 찬연하게 빛을 발하고 있다.

> 반달이 떴을까 겨자씨만 한 믿음으로도 산을 옮길 수 있다는 말을 나는 믿는다 달은 태초에 말씀이었으므로
> ―「상현」 부분

시는 나와 세계를 구성하는 사물에 귀 기울이다. 아포리즘의 글쓰기는 세계와 사물의 목소리에서 애정을 발견하는 일이다. 아포리즘 글쓰기는 시에 여백을 건설하고 창안한다. 시의 여백은 글의 문맥을 투명한 막으로 가린다. 시의 행과 행 사이에 리듬과 같은 물결을 겹겹이 흐르게 하거나, 씨앗처럼 작고 검은 눈의 치어 같은 자잘한 물고기를 풀어놓는다. 동양화가 여백의 미로 소실점의 사물에 집중하는 것이라면, 시에서 아포리즘의 글쓰기는 행간의 의미

탈락과 결손 그리고 핍진성의 아름다움을 드러낸다.

    그렇기에 아포리즘의 글쓰기는 본질적이고 핵심적인 그 중심을 향해 거침없이 달려가는 발자국과 같다. 아포리즘 문장들은 파편화를 척추로 삼기에 지도가 사라진 문장들이다. 수많은 문장을 지나쳐 시간을 압축하고 함축하여 파편화된 모순과 난독의 의미로 남겨진다. 이 모순과 난독의 문장은 곧 세계의 진실이자 그 척추를 압축하여 이미지화하는 미적 효과를 발명한다.

    아포리즘을 찬양하고 이를 작품에서 보여주는 작가들은 미문의 대가들이다. 『인간적인 너무나 인간적인』을 집필한 니체. 니체는 그의 저서에서 아포리즘의 글쓰기 혹은 잠언은 산맥과 산맥을 뛰어넘는 긴 발이라고 적고 있다. 그의 비유는 이렇다.

> 피와 잠언으로 쓰는 자는 읽히기를 원하는 것이 아니라 암송되기를 바란다. 산맥으로 가는 데 있어서 가장 가까운 길은 봉우리에서 봉우리로 가는 길이다. 그러나 그러기 위해서는 긴 발을 가져야 한다. 잠언(아포리즘)은 산봉우리라고 할 수 있다. 그러므로 거대하고 높이 자란 인간들만이 잠언(아포리즘)을 들을 수 있다.

— 프리드리히 니체, 장희창 역, 『차라투스트라는 이렇게 말했다』, 민음사, 2004, 63-64쪽.

  시에 아포리즘의 문장이 많다는 건 시인이 작품에 많은 공력을 들였다는 것이다. 한 편의 시에서 아포리즘의 문장들이 뼈대가 되어 시를 허공으로 들어 올린다. 아포리즘의 문장들은 무언가와 부딪쳐 만들어진 멍 자국과도 같다. 나를 둘러싼 세계를 순한 눈이 아닌, 맵고 꼬장꼬장한 가시 돋은 거친 눈으로 사물을 할퀴고, 맨몸으로 사물과 부딪친 이력이다. 사물의 내부까지 투시하여 진실에 다가설 수 있는 감각과 포착력이 있는 심미안이 만들어 내는 사유의 결이라 할만하다. 이 명민한 문장들은 시를 읽는 독자에게 시간에 훼손되지 않는 생의 진면목에 가 닿게 하고 고통과 기쁨의 속성을 잠언 형식의 미려함으로 독자에게 선사한다. 시편마다 아름다운 문장들이 별처럼 반짝이고 있다. 이순주의 문장 성분이라는 내용으로 시집에서 빛나는 문장을 몇 개 옮겨 적어본다. 이 시집의 뼈대 역할을 하는 문장들이며, 시인의 시적 세계관이 씨앗처럼 담긴 문장들이다. (시의 행과 연을 구분하지 않고, 채집한 시의 구절과 문장들을 옮겨본다.)

## 이순주의 문장 성분들

    가만히 나를 뒤적거려 불쏘시개 하나 없어도 내 안의 불씨가 살아난다 - 「나는 가끔 풍경이 되었다」

    달력의 숫자들은 날마다 어디로 가는지 묻고 싶은 날이 있다 제 몸의 반달로 밤의 표정을 만드는 반달곰 달빛의 문장으로 나는 앉아 있다 - 「반달곰과 시소 타기」

    태초에 신이 인간에게 보내는 위로는 윙크였을 것이다 달은 한쪽 눈을 지그시 감았다 뜨는데 한 달이 걸린다 달빛은 안녕이라는, 내게 보내는 전언인 것을 나를 너무 사용하였으니 - 「느린 계절은 창밖으로 지나간다」

    일상이 유목의 피가 흐르는 너의 향기로 내 몸을 기억하는 것 세상 모든 초목은 꽃을 피워 제 몸의 안부를 전한다 향기를 배달하는 일은 꽃이 할 일 꽃에게 말을 걸며 물을 준다 너를 기다리며 화분에 물을 주는 건 기도다 - 「꽃의 사서함」

꽃은 멀리 피어 그리움을 만든다 봉합된 편지처럼 침묵하며 밖을 내다본다 꽃들의 위로를 받으며 나는 부쳐지고 있다 그대가 내게로 달려오던 속도가 이러했을까 연착도 없이 달려오는 봄 - 「벚꽃열차」

유목의 피가 흐르는 당신을 듣느라 달의 문을 반만 열어놓았다 - 「히아신스」

타오르는 불길 바라보다 어두운 내 안이 환해질 것만 같고요 - 「숲 아궁이」

한 모금의 슬픔, 그 장면들이 존재의 문장들이라면 그 문장들 표절하고 싶어요 우리가 구름을 연구하는 동안 낙타가 사막을 걷는 동안, 당신 거기 있나요?//라떼 한 잔의 시간이에요 - 「혀들의 시간」

나무는 서 있는 게 아닙니다 하루 종일 걷고 있는 거죠 한낮의 숲에 가 보면 압니다 나무의 발자국이 보여요 하늘로 치솟은 고독이 제 키만 합니다 - 「한낮의 숲에 가 보면 압니다」

활짝 피어난 꽃들은 세상 모든 여자의 아름다움을 가져가 피어난 것이다 목련을 바라보지 마라 바라보는 순간 늙을 것이다 벚꽃을 바라보지 마라 꽃처럼 이내 질 것이다 해마다 꽃을 피운 것뿐인데 봄날이 다 늙었다 - 「꽃들의 배후」

　불빛들이 마음 환히 밝혀준다면 꽃밭인 게 분명하다 - 「저녁이 아름다운 건」

　둥근 열매들은 공중에 매달려 종을 울리고 창문을 두드리는 바람은 누구를 부르는 소리일까 사과는 그의 영혼이었다 - 「사과가 왔다」

　살펴보았듯이 이순주 시집에서 발견되는 문장은 의미의 파편화로 독특한 문양을 이루고 있다. 그리고 이 문장들은 시집 전체를 관통하는 주제와 시적 지향점으로 응집하고 있다. 그 핵심은 자연과의 직접적 소통과 '생의 유한성 자각'이라는 각성을 통해 "영원" 혹은 "불멸"이라는 초월의식으로 나아가고 있다.

## 2. 나는 문자들과 결별하여 영원으로 향하는 것이니

시집에서 아포리즘 글쓰기와 더불어 또 하나의 특징은 "~을 읽는다"와 "결별한다"라는 행위이다. 두 개의 서술어는 의미상 거리가 멀다. 그럼에도, 시집에서 "읽는다"란 서술은 결별 행위와 직접적으로 연결된다. 시적 화자가 "글자, 문장, 전언"을 "읽는다"가 곧 나를 만나기 위한 과정이기에, 글자를 읽고 글자와 결별하는 과정을 반복해야만 나와 만날 수 있으며 영원이나 불멸의 세계로의 진입이 가능하다고 진술하고 있다.

그렇다면 시적 화자가 읽는 "글자, 문장"의 발신자와 문장에 내재한 진의는 무엇일까? 시에서 반복적으로 등장하는 발신자는 "숲, 나무, 새, 바람" 등의 자연물이며, '나'는 그들의 전언을 해독하여 삶의 진리를 수신하고 있다. 이처럼 변화무쌍한 자연의 변화를, 자연이 나에게 발신하는 전언으로 파악하여 수신한다는 시적 구성은 시집에서 반복적으로 등장하는 시의 플롯이다. 즉, 나와 자연과의 관계 설정과 시적 화자의 발화 방식을 통해 이순주의 시집이 물활론적 인식론을 기반으로 자연을 수용하고 자연과 합일하려는 시인의 의지를 확인 할 수 있다.

무수한 글자들과의 결별로 나를 만났으니

이제 나를 떠날 말들이 먼 곳의 길을 묻는다.

나의 말들에 신발을 신기면 영원을 걸어갈 수 있을까?

나를 건너고 생각을 건너온 시간들,

생각해보니 나를 찾는데 나를 너무 사용하였다.

하루하루 노을을 물들이고 별들로 장식했으니

나를 건넨다.

- 「시인의 말」 전문

  독자가 시집에서 처음 부딪히는 문장은 시집의 첫자리에 좌정한 「시인의 말」이다. "시인의 말"에서도 "~읽는다"라는 독해 행위가 은유적으로 묘사되고 있다. 이순주의 시집에서 "~읽는다"라는 서술어는 중요한 핵심 키워드이자 시집의 주제를 강화하는 요소이다. 왜냐하면, "나"가 자연물이 발신하는 전언을 '읽는' 것은 곧 나를 만나기 위한 과정이며 "불멸"이나 "영원"에 닿기 위한 조건이다. 내가 나를 만나는 데 가장 중요한 전제조건이 '글자들과의 결별'이다. 나를 찾기 위한 "나"의 의지는 "무수한 글자들과의 결별을 통해"서만 가능하다. 이때 "문자와의 무수한 결별"은 과거의 삶을 반추하고, "나를 너무 사용"하는 지난한 과정이다.

이 과정이 고통스러운 이유는 일회성이 아니기 때문이다. 설사 문자들과의 결별을 통해 "나를 만"났다 해도 결국 "글자"들은 다시 "먼 곳의 길을" 향해 "나를 떠날 말"이기 때문이다. 반복적인 결별이 과정은 종결점이 사라진 행위이다. 자연이 내게 전하는 문장과 글자를 읽는 행위와 결별의 반복은 "나를 건너고 생각을 건너온 시간"으로 또는 "나"를 찾아가는 여정으로 확장되고 있다.

  나를 또다시 떠나갈 "나의 말들에 신발을 신기면 영원을 걸어갈 수 있을까?"라는 시인의 질문에서도 글자들과의 결별이 곧 나를 찾아가는 수행처럼 힘든 과정이며, 그 험난한 과정을 통과해야만 나는 "영원"이라는 영원불변의 세계에 진입할 수 있다고 자문하고 있다.

  이때 시인이 도달하려는 종착지가 "영원" 혹은 "불멸"의 세계임을 유추할 수 있다. 다소 관념적이기도 한 "영원"과 "불멸"이 표상하는 세계는, 유토피아적 속성을 지닌 곳으로 해석해 볼 수 있다.

  이러한 시인의 고백은 "비애가 새(글자)가 되어 날아갈 수 있을까요/새(글자) 날아간 자리 빈 둥지만 남아 또다시 새(글자)가 깃드는 게 삶일 거예요(「둥지」)"라는 시 구절과 연동되고 있다. 나를 만나는 '과정'이 하나의 수행 과정이며, 나를 둘러싼 껍질을 깨는 파각(수행과정) 이후 나는 비로소 이전의 나와는 다른 성숙한 존재로 거듭나기 때문에, 시집 전편에서 등장하는 "글자들과의 결별"은 곧 새로운 나의 확장성을 견인하는 동인임을 알 수 있다.

  시인의 각성과 "영원"이나 "불멸"이라는 낯선 세계로의 진입은 수행과도 같은 고통스러운 과정이 전제되어야 함을. 그리고 시인이 이 과정에 얼마나 고뇌하고 집중했었는지를 알 수 있다. 종착지인 "영원"의 세계는 신이라는 불멸의 대상, 혹은 유토피아적인 천상의 세계로도 볼 수 있다. 그렇다면 "글자, 문장, 전언, 낙서, 필법, 서간" 등은 나의 내면 성숙 과정의 표상으로도 풀이할 수 있을 것이다.

    맨 처음 고구마는 내가 읽을 수 없는 문장이었다

    내게 무슨 할 말이 있는지
    검은 비닐봉지 속에서 싹들은 고개를 내밀고

    전언은
    주둥이가 넓고 엉덩이는 큰 화병에 고구마를 넣고
    물을 주는 데서부터 시작된다

〈
하고 싶은 말 가슴에 묻고 오죽 답답했을까

화병의 심장이 된 고구마,
제 몸을 온전히 잎들에게 내어준다
화병의 날개 같은 잎들이 자란다

하트 모양 둥근 잎들이야말로 내게 하는
삶에 대한 근원적 질문

나는 화병과 뜻을 같이하기로 한다

줄기들 창문을 붙잡고 기어오르는
저 날갯짓,

사는 일은 안간힘을 다해 비행을 꿈꾸는 일이 아닌가

- 「잎들의 아침은 화병 속에서 걸어 나온다」 전문

시에서 나는 방치된 검은 비닐봉지 속에서 자란 "고구마 잎"을 신기하게 바라보고 있다. 그리고 기발하게도 고구마 잎을 "문장"으로 인식하고 있다. 하지만 나는 "고구마 잎"이 내게 전하는 암호와도 같은 메시지를 쉽게 해독하지 못한다. 대신 고구마를 화분에 옮겨 심고 "화병"의 마음으로 고구마에 물을 주고 있다.

  정성스러운 마음으로 고구마를 가꾸던 중, "줄기들 창문을 붙잡고 기어오르는" 고구마 잎을 "날갯짓"으로 파악하여 "하트 모양 둥근 잎들이야말로 내게 하는/삶에 대한 근원적 질문"으로 인식하기에 이른다. 곧 "사는 일은 안간힘을 다해 비행을 꿈꾸는 일"이라는 메시지를 고구마 잎과 교감하고 있다. 즉 고구마 잎이 가닿으려는 곳이 천상 즉 우주적인 세계로 파악하고 있다. 이는 "시인의 말"에서 시인이 문자들과의 결별을 통해 도착하려는 "영원"과 동일한 속성을 지니는 세계로 볼 수 있다. 이처럼 고구마 잎에서 전언을 읽어내는 "나"의 행위는 자연물과 소통하려는 시적 화자의 적극적 의지의 표명이며, 인간중심주의에서 벗어나 자연을 우위에 두는 인식의 정황을 표출하고 있다.

  어제 내린 비의 배후는 그리움, 먹구름에서 꺼내 쓴 필법이지 빗물은 뿌리 속 스며들어 꽃을 피우지 낙서는 생

성의 뜻이고 마음을 베껴 쓰는 것, 대상을 땅 위에 그려내는 것

    산천초목 우거지지 너무 서두르지는 말아 거센 바람은 동반하지 말고, 되뇌이지 세상을 스무 번 사랑하고 나를 스무 번 사랑하지 마음은 언제나 서녘에서 서성거려 창문 너머 와자한 새 떼가 보이고

    벚나무는 연분홍 꽃치마를 둘러 입었네 문득 엄마가 생각나는 거야 바람이 불면 꽃가루 흩날리지 그것이 희디흰 눈물인지 서럽게 우는 눈물인지 몇 해 전 새가 되어 날아간 당신 만나는 노을 역이지 해가 지구를 탑승하고 마지막 정거장에 멈춰서는 시간이야

(…중략…)

오늘 죽어 나는 내일 다시 태어나지

-「밀서」 부분

「밀서」 역시 "필법, 낙서"와 이를 읽는 '나'의 행위가 시의 중요한 핵심 서사이다. 동시에 이 서사는 비극적이다. 이 비극성은 "나"의 과거 경험에 기인하고 있다. 시에서 나타

나는 시간적 구성을 살펴보면, 현재에서 과거 회상으로 그리고 현재를 오가는 역순행적 구성을 취하고 있다. 제목인 "밀서" 역시 그 비밀스러움으로 시적 구성을 공고히 하는 데 일조하고 있다. 시에서 "밀서"는 "비, 먹구름, 꽃, 벚나무" 등 자연 사물에 의해 기록된 문장들이다.

밀서는 곧 어머니의 부재와 긴밀하게 연결되고 있다. "비, 구름, 꽃, 바람, 나무, 숲"이 나에게 보내오는 전언은 "몇 해 전 새가 되어 날아간" 어머니가 내게 전하는 사랑의 전언인 셈이다. 어머니의 장례식 중, 숲에서 들려오던 뻐꾸기 울음소리를 '나'는 현실에서 어머니의 목소리로 인식하는 물활론(物活論)적 세계관을 선보이고 있다. 자연에 관한 경배와 자연과 합일하려는 물활론적 인식은, 시에서 자연의 변화무쌍한 변화를 어머니의 서신으로 파악하는 중요한 기능을 하고 있다. "너무 서두르지는 말아 거센 바람은 동반하지 말고"라는 구절 역시 어머니의 사랑을 전달하는 자연의 어법이며, 자연과 직접적으로 소통하는 시적 구성을 선택하고 있음을 알 수 있다.

그렇다면 이순주 시인의 시 세계에서 물활론적 인식은 타 시인과 어떠한 차별성으로 부각되고 있는가? 자연과 시적 화자의 독특한 관계 설정과 직접적 소통이라는 시적 화자의 발화 태도는 곧 인간탈중심의 사유가 그 배경에 있다. 「시인의 말」과 시집 전편에 등장하는 개성적인 시적 구성과 자연을 읽어내고 문자들과 결별하려는 시인의 의지 또한 시에 관한 시인의 진정성과 시의 완성도를 향한 집념의 시 쓰기 혹은 글쓰기 행위의 상징으로도 볼 수 있을 것이다.

### 3. 구석의 힘과 물활론적 세계관

시집의 표제 시인 「어떤 계절은 구석에서 시작된다」는 우선, 시 제목이 눈길을 끈다. 어둡고 후미진 구석에서 계절의 변화가 시작된다는 시적 발견이 신선하다. 그렇다면 구석은 왜 새로운 계절이 탄생하는 곳일까? 그리고 새로운 계절은 어떤 힘을 내장하고 있는가. "구석"에 관한 시인의 인식 경로를 따라가 보자.

나는 언제 완성될지 모르는

먼지

나의 계절은 구석에서 시작된다

〈

구석은 나의 비빌 언덕,

소라게처럼 떠돌다 만난 불멸의 집 한 채


여기까지 걸어온 모든 궁리가 구석에서 나온 것이었으니,


나는 구석에 앉기 위해 하루를 서둘러 집에 당도하곤 한다

나를 앓는


구석에도 감정이 있네

때로는 음악이 흐르고


그 저녁은 내가 시암 고양이 암컷처럼 구석에 웅크리고 앉아 쌓인 모래를 털어놓는 시간

나의 입 틀어막으며 제 말만을 늘어놓는 연필 한 자루의,

비밀한 숲의 속삭임을 듣는


빈 커피잔은 적막을 들이마신다

〈

영혼을 들여다보며 다듬기도 하는
무엇이든 거듭나게 하는 구석의 마법!

내 희망은 그곳에서 자라고 있었으니

그러므로 집구석에 앉아 뭐 하는 일 있느냐고 하는 말은 구석에 대한 예의가 아니다

오늘은 시장 골목 난전에 앉아 냉이랑 달래를 파는 노인에게서 봄을 한 봉지 사 왔다 냉이된장국을 끓여 구석에도 봄 냄새를 한껏 풍기리라
　마음먹은

구석에서부터 나는 시작된다
　　　　　　　　- 「어떤 계절은 구석에서 시작된다」 전문

　시에서 먼저 '나'에 관한 정보를 살펴보면 다음과 같다. 나는 "언제 완성될지 모르는 먼지", "구석에서 모래를 토해내는" 무용(無用)하고 비루한 존재로 묘사되고 있다. 그렇기에 "나의 계절" 역시 "구석에서 시작" 될 뿐이다. 시적 화

자의 발화 태도로 보아, 나는 구석에 은신한 하찮은 존재이며 완성되지 못한 미완의 상황에 부닥쳐 있다. 그 때문에 나는 타인에게 어떠한 권력의 힘이나 영향력을 행사할 수 없는, 권력의 자장에서 비껴있는 존재이다. 나는 민달팽이처럼 나를 보호해 줄 외피를 지니지 못한 연약한 살갗만을 지닌 존재이기도 하다. 그렇기에 나에게 구석이란, 권력의 횡포와 폭력에서 나를 방어할 수 "비빌 언덕"이며 위안과 휴식의 공간이다.

그런데 특이한 점은 "구석"이 초라하고 누추한 곳으로 속성이 한정되지 않는다는 점이다. 시가 전개되면서, 구석은 그 속성이 변모의 양상을 취하고 있다. "구석"은 내가 "소라게처럼 떠돌다 만난 불멸의 집 한 채", "감정이 있"고 "때로는 음악이 흐르"는 곳으로 소외와 불안의 공간이 아닌, 오히려 정서의 교류가 가능한 곳으로 묘사되고 있다. 따라서 "구석"은 소외의 상징이 아닌 "영혼을 들여다보며 다듬기"가 가능한 재생의 속성으로 확장하고 있다. "무엇이든 거듭나게 하는" 존재 탄생이 지속적으로 행해지는 "마법!"적인 신비한 "불멸"의 공간으로 확장되고 있다. 이때 "무엇이든 거듭나게 하는" 구석이란 소외되고 후미진 구석에서 "내 희망은 그곳에서 자라고 있"으며 궁극적으로 "구석에서부터 나는 시작된다"라는 존재의 각성이 시도되는 곳으로도 변주되고 있다.

>  확성기는 1톤 트럭 앞에 달려 있다
>  동네 골목을 빠져나가는 내 꽁무니를 졸졸 따라 나오며 나를 호명한다 입술을 움직이지도 않고 또박또박 끊임없이
>
>  오이 고추 당근 양파 마늘 상추 미나리 시래기나물 무말랭이 사과 배 토마토 자반고등어 가자미 밴댕이……
>
>  그건 지상에 많은 내 이름들
>
>  나는 어쩌면 한 개의 사과나 시금치를 먹기 위해 태어난 것인지도 모른다
>
>  일생 내 위장을 통과한 무치고 끓이고 볶은 것들이
>  나를 여기까지 데려온 게 아닐까
>
>  내 삶을 숟가락질한 날들아,

꼬박꼬박 먹기를 거르지 않은

하루 세 끼의 밥상이다 나는,

- 「골목길은 소화 중이다」 부분

'나'가 구석과 골목길에 집중하는 이유는 무엇인가? 이 지점에서 우리는 시적 화자의 진술을 통해, 시에 반복적으로 등장하는 구석과 먼지, 골목길 등의 시어가 시의 주제를 이끄는 소재임을 눈치챌 수 있다. 앞의 시에서 '나'가 '구석'이라는 후미진 곳에 기거하는 존재이며, 소라게처럼 떠돌다 만난 불멸과 같은 집 한 채로 확장하는 이유 역시 이 시에서도 동일하게 강조되고 있기 때문이다.

시에서 골목길에서 물건을 팔고 있는 트럭의 확성기는 다양한 사물을 호명하고 있다. 호명되는 것들의 이름은, "오이 고추 당근 양파 마늘 상추 미나리 시래기나물 무말랭이 사과 배 토마토 자반고등어 가자미 밴댕이" 등이다. 특이하게도 '나'는 트럭의 확성기를 통해 "호명"되는 세목이 "지상" 위의 "내 이름"과 같은 "많은" 다양한 존재로 진술하고 있다는 점이다. 그 이유는 골목에 호명되는 것들이 바로 내가 먹은 음식인 탓에 내 삶의 이력이며 나와 동일한 의미와 가치를 지닌 존재라는 점이다.

동시에 트럭 확성기를 통해 호명되는 존재들이 탄생 지점이 "구석(골목)"이라는 시적 발견에 있다. 이러한 시적 발견은 내가 먹고 소화한 것들이 나의 신체 속에서 에너지가 되고, 나의 삶의 활력으로 샘솟듯, 먹거리의 이름이 호명되는 골목길 역시 재생의 공간으로 변모하고 있다. 그 때문에 골목길 혹은 구석은 비루한 것들의 거주하는 곳이 아니라, 온갖 사물과 사람들이 한데 뒤섞여 생명이 탄생 되고 삶의 활력이 넘치는 "불멸" 혹은 "영원"성을 지닌 우주적인 탄생의 공간이 되고 있다. 이러한 시적 발견은, 골목 혹은 구석이 권력의 힘을 무력화하는 전복의 힘을 내재한 공간으로 탄생하고 있다.

시에서 구석이 지닌 전복의 힘은, "시인의 말"에 쓰인 내용을 독자에게 다시 환기하고 있다. 앞서서 언급했던 "문자들과의 결별"과 이 시에 나타난 "내 위장을 통과한 것"들은 모두 나를 만나기 위해 거쳐가는 하나의 '과정'이라는 공통점이 있다. "일생 내 위장을 통과한 무치고 끓이고 볶은 것들이 나를 여기까지 데려온 게 아닐까"라는 진술에서도, 나를 만나는 과정이 곧 실존에 관한 질문임을 공유하는 '과정'이라 할 수 있다. 이같이 이순주의 시집은 나를 만나는 행위 혹은 실존의 문제를 제기하는데, 이를 '과정'의 속성으로 파악하는 시적 사유를 표출하고 있다. 이러한 문제 제기는 곧 이 시집의 주제로 응집되어, "구석"이 지니는 고정관념을 파괴하여 "구석의 전복성"을 강조하고 있다.

"골목길, 구석, 먼지" 등의 시어들은 후미지고 소외된 공간을 상징하는 속성에서, 감정이 흐르는 곳, 불멸의 집 한 채 등으로 소통과 영원의 속성을 지닌 의미로 확장되고 있다. 이로써 "구석"은 "영혼을 들여다보며 다듬기도 하는" 곳이며 "무엇이든 거듭나게 하는 구석의 마법"을 통해 고정관념을 부수고 새로운 생명이 탄생하고 봄의 희망과 같은 역동적인 힘이 내재한 생성의 공간으로 변모하고 있다. 시에서 "구석"은 "불멸, 영원" 등의 생명 탄생 공간인 동시에 권력의 힘을 와해시키는 전복성의 공간으로 기능하고 있다.

이처럼 이순주의 이번 시집은 감각의 결합과 전이, 탈인간 중심의 물활론적 세계관과 "구석"의 전복성을 강조하는 귀한 시집이다. 이순주 시인의 시집에서 펼치는 다양한 실험성과 시적 세계관은, 우리에게 자연을 재생과 불멸과 영원성의 공간으로 목도한 헤르만 헷세의 문장을 소환하게 한다.

"나무는 우리보다 더 오래 사는 것처럼, 생각이 길고 호흡이 길고 차분하다. 우리가 나무의 말에 귀 기울이는 한, 나무는 우리보다 현명하다. 우리가 나무의 속삭임에 귀 기울이는 법을 배우면 어린애같이 서두르는 짧은 소견과 유치한 성급함을 지닌 우리도 비할 바 없는 즐거움을 얻는다. 나무의 속삭임에 귀 기울이는 법을 배운 사람은 나무가 되려고 갈망하지 않는다. 그가 갈망하는 것은 오로지 있는 그대로의 자기 자신으로 사는 것이다. 그것이 고향이다. 그것이 행복이다."

- 헤르만 헷세 저, 배명자 역, 「나무」, 『정원 가꾸기의 즐거움』, 반니, 2022, 76쪽.